Meine Lieblingsmärchen

Die 20 schönsten Märchen der Brüder Grimm

Meine Lieblingsmärchen

Die 20 schönsten Märchen der Brüder Grimm

Nacherzählt von Ruth Rahlff
Illustriert von Marina Krämer

1. Auflage 2018

© 2018 Carlsen Verlag GmbH, Völckersstraße 14–20, 22765 Hamburg

Textbearbeitung: Ruth Rahlff

Illustrationen: Marina Krämer

Lektorat: Katharina Eisele

Gestaltung und Herstellung: Daniela Göpffarth

Lithografie: Margit Dittes, Hamburg

ISBN 978-3-551-51054-9

www.carlsen.de

Inhaltsverzeichnis

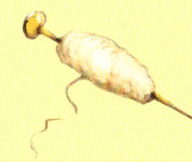

11   Dornröschen

16   Der Froschkönig

23   Der Wolf und die sieben Geißlein

28   Brüderchen und Schwesterchen

35   Rapunzel

40   Hänsel und Gretel

47   Aschenputtel

55   Frau Holle

60   Rotkäppchen

66   Die Bremer Stadtmusikanten

71   Der Teufel mit den drei goldenen Haaren

81   Tischlein, deck dich

89   König Drosselbart

96   Schneewittchen

104   Rumpelstilzchen

109   Die goldene Gans

115   Jorinde und Joringel

120   Hans im Glück

125   Der gestiefelte Kater

132   Allerleirauh

Dornröschen

Es waren einmal ein König und eine Königin. Den beiden ging es gut, doch etwas fehlte zu ihrem Glück, denn sie sagten jeden Tag: »Ach, hätten wir nur ein Kind!«

Lange Zeit blieb ihr Wunsch unerfüllt.

Eines Tages jedoch, als die Königin gerade in der Wanne saß, sprang plötzlich ein Frosch zu ihr ins Badewasser und sprach: »Dein Wunsch wird erfüllt werden. Noch ehe ein Jahr vergeht, wirst du eine Tochter bekommen.«

Und genau so geschah es.

Wie der Frosch vorausgesagt hatte, brachte die Königin ein Mädchen zur Welt. Das Kind war wunderschön und der König außer sich vor Freude. Nun sollte gefeiert werden!

Zum Fest wurden alle Verwandten, Freunde und Bekannten eingeladen. Auch die dreizehn weisen Frauen des Königreichs durften nicht fehlen.

Der König hatte aber nur zwölf goldene Teller für seine Tafel. Und so entschied er, dass eine der dreizehn Frauen zu Hause bleiben musste.

Das Fest war ausgelassen und prächtig. Als es schließlich an der Zeit war, sich zu verabschieden, traten die zwölf weisen Frauen an die Wiege des Kindes. Sie beschenkten die Königstochter mit wunderbaren Gaben: Die erste wünschte dem Mädchen Tugend, die zweite verlieh ihm Schönheit und die dritte Reichtum. So ging es weiter, bis die elfte ihren Wunsch ausgesprochen hatte.

Da erschien plötzlich die dreizehnte Frau. Zornig, dass sie nicht zum Fest geladen war, rief sie mit donnernder Stimme: »Die Königstochter soll sich

11

an ihrem fünfzehnten Geburtstag an einer Spindel stechen und sofort tot umfallen.«

Ohne ein weiteres Wort drehte sie sich um und verließ den Festsaal.

Alle waren furchtbar erschrocken. Doch zum Glück hatte die zwölfte Frau ja noch einen Wunsch übrig. Damit konnte sie den Fluch zwar nicht aufheben, aber immerhin abmildern. Und so sagte sie: »Die Königstochter soll nicht sterben, sondern hundert Jahre lang tief schlafen.«

Der König war darüber sehr traurig und wollte sein Kind vor diesem Unglück unbedingt bewahren. Deshalb ließ er alle Spindeln im Schloss und im gesamten Königreich verbrennen.

Die Jahre vergingen und die Königstochter wuchs heran.

Alle hatten sie gern, denn sie war nicht nur schön, sondern auch sehr lieb und fast immer fröhlich.

An ihrem fünfzehnten Geburtstag waren der König und die Königin nicht zu Hause. Die Prinzessin schlenderte durch das Schloss, bis sie schließlich einen alten Turm entdeckte. Eine enge Wendeltreppe führte nach oben zu einer Tür. Neugierig drehte die Königstochter den rostigen Schlüssel um, der im Schloss steckte. Dahinter lag eine winzige Stube. Zu ihrer Überraschung saß dort eine alte Frau und spann eifrig Flachs mit einer Spindel.

»Was machst du da?«, fragte die Königstochter neugierig und trat über die Türschwelle.

»Ich spinne«, antwortete die Alte.

»Und was ist das für ein lustiges Ding?« Vorsichtig griff das Mädchen nach der Spindel, um sie auszuprobieren.

Doch sobald sie die Spindel berührte, ging der böse Zauberspruch der dreizehnten Weisen in Erfüllung: Die Königstochter stach sich in den

Finger. Augenblicklich schlief sie ein und fiel auf ein weiches Bett, das hinter ihr stand.

Zugleich sanken überall im Schloss Menschen und Tiere in einen tiefen Schlaf: Der König und die Königin, eben erst heimgekehrt, schlummerten im Thronsaal. Und mit ihnen der gesamte Hofstaat. Die Pferde schliefen im Stall, die Hunde im Hof, die Tauben auf dem Dach und die Fliegen an den Wänden. In der Küche erlosch das Feuer auf dem Herd. Der Koch, der gerade noch den Küchenjungen erbost an den Haaren gezogen hatte, schlief ebenfalls ein. Auch der Wind legte sich und in den Bäumen rührte sich kein Blatt mehr.

Nach und nach wuchs eine Dornenhecke rings um das Schloss. Und mit jedem Jahr wurde die Hecke höher und dichter, bis sie schließlich alles überwucherte. Sogar die Fahne hoch oben auf dem Dach. Niemand konnte diese Dornenhecke durchdringen, auch wenn es viele Königssöhne versuchten, die Geschichten über das wunderschöne, schlafende Dornröschen gehört hatten.

So vergingen etliche Jahre, bis eines Tages wieder einmal ein Königssohn in die Gegend kam.

Zufällig hörte er, wie ein alter Mann die Sage von Dornröschen erzählte. Der Alte warnte den Prinzen vor den Gefahren der Dornenhecke. Denn bisher war es noch niemandem gelungen, das Schloss dahinter zu erreichen und Dornröschen zu befreien.

Doch davon ließ sich der Königssohn nicht abschrecken. »Das macht mir keine Angst«, sagte er. »Ich will Dornröschen unbedingt sehen.«

Da konnte der Alte reden, wie er wollte, der Prinz scherte sich nicht um seine Warnungen. Mutig ritt er auf die Dornenhecke zu. Und er hatte Glück, denn es waren auf den Tag genau hundert Jahre vergangen, seitdem Dornröschen sich an der Spindel gestochen hatte.

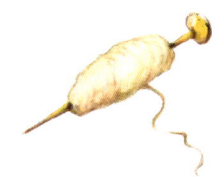

Als der Königssohn sich dem Schloss näherte, verwandelte sich die Dornenhecke in große, schöne Blumen. Diese schwangen zur Seite, ließen den Prinzen hindurch und bildeten hinter ihm wieder eine Hecke.

Der Königssohn schaute sich verwundert um. Im Schlosshof schliefen die Pferde und Jagdhunde des Königs. Auf dem Dach hatten die Tauben ihre Köpfe unter die Flügel gesteckt und rührten sich nicht. Staunend betrat er das Schloss, wo die Fliegen schlafend an den Wänden klebten. In der Küche hatte der Koch noch die Hand erhoben, um den Küchenjungen zu packen.

Daneben schlief die Magd über einem Huhn, das sie vor hundert Jahren hatte rupfen wollen.

Kurz darauf entdeckte der Prinz den König und die Königin mit dem Hofstaat im Thronsaal. Alle schliefen tief und fest.

Es war vollkommen still, als der Königssohn das Schloss erkundete. Schließlich kam er zu dem alten Turm mit der kleinen Stube unter dem Dach. Er öffnete die Tür und dahinter lag das schlafende Dornröschen. Der Prinz staunte, wie schön sie war. Er beugte sich über sie und gab ihr einen Kuss. Im gleichen Moment schlug Dornröschen die Augen auf und sah ihn freundlich an.

Hand in Hand verließen sie das Turmzimmer, stiegen die Treppe hinunter und liefen schnell in den Thronsaal. Dort erwachten gerade der König, die Königin und ihr Hofstaat. Noch ganz verschlafen schauten sich alle an.

Unten im Hof wieherten die Pferde. Die Hunde sprangen herum und wedelten mit den Schwänzen. Die Tauben auf dem Dach breiteten die Flügel aus und flogen hinaus auf die Felder. Die Fliegen krochen über die Wände. Das Feuer in der Küche loderte auf und erhitzte das Essen. Der Koch gab dem Küchenjungen eine kräftige Ohrfeige und die Magd rupfte das Huhn.

Kurze Zeit später feierten Dornröschen und der Königssohn Hochzeit. Von nun an lebten sie glücklich und vergnügt bis ans Ende ihrer Tage.

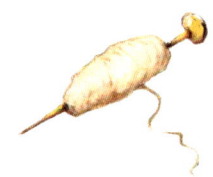

Der Froschkönig

In den alten Zeiten, als das Wünschen noch geholfen hat, lebte ein König, dessen Töchter waren alle schön. Aber die jüngste war so schön, dass selbst die Sonne, die schon viel gesehen hat, darüber staunte, wenn sie ihr ins Gesicht schien.

Nahe beim Schloss des Königs lag ein großer dunkler Wald. Und mitten in diesem Wald stand eine alte Linde mit einem tiefen Brunnen in ihrem Schatten.

An heißen Tagen spazierte die jüngste Königstochter gern durch den Wald und setzte sich an den Rand des kühlen Brunnens. Wenn sie sich langweilte, holte sie ihr Lieblingsspielzeug hervor, eine goldene Kugel. Die warf sie hoch in die Luft und fing sie wieder auf.

Doch eines Tages war sie für einen Augenblick unachtsam und ihr rutschte die goldene Kugel aus der Hand. Hilflos musste die Prinzessin zusehen, wie ihr liebstes Spielzeug im tiefen Brunnen verschwand. Sie weinte und schluchzte und konnte sich gar nicht mehr beruhigen.

Da rief ihr plötzlich jemand zu: »Was ist denn los, Königstochter? Du schreist ja, dass sich ein Stein erbarmen möchte.«

Verwundert blickte die Prinzessin sich um. Woher kam diese Stimme? Schließlich entdeckte sie einen Frosch, der seinen dicken, hässlichen Kopf aus dem Wasser streckte.

»Ach, du bist es, alter Wasserpatscher«, jammerte sie. »Ich weine, weil mir meine goldene Kugel in den Brunnen gefallen ist.«

16

»Du brauchst nicht traurig zu sein«, antwortete der Frosch.
»Ich kann dir helfen. Aber was gibst du mir, wenn ich dein Spielzeug wieder heraushole?«

»Was du willst, lieber Frosch«, sagte die Königstochter. »Meine Kleider, meine Perlen und Edelsteine. Du kannst sogar meine goldene Krone haben.«

Der Frosch antwortete: »Deine Kleider, deine Perlen und Edelsteine und deine goldene Krone mag ich nicht. Aber wenn du versprichst, mich lieb zu haben, und ich dein Freund sein darf, wenn ich am Tisch neben dir sitzen,

17

von deinem goldenen Teller essen, aus deinem Becher trinken und in deinem Bett schlafen darf, dann steige ich in den Brunnen und hole dir die goldene Kugel wieder heraus.«

»Ach, ja«, sagte die Prinzessin, »ich verspreche dir alles, was du willst, wenn du mir nur die Kugel zurückbringst.« Dabei dachte sie insgeheim: »Was für einen Quatsch redet der dumme Frosch da? Der soll schön weiter mit den anderen im Wasser quaken. Menschen und Frösche können doch keine Freunde sein!«

Der Frosch jedoch vertraute der Königstochter und sprang in den Brunnen. Es dauerte eine Weile, dann tauchte er wieder auf und warf die Kugel ins Gras. Die Königstochter klatschte vor Freude in die Hände, hob ihr Spielzeug auf und rannte davon.

»He, warte!«, rief der Frosch. »Nimm mich mit, ich kann nicht so schnell laufen wie du.«

Doch er konnte quaken, so viel er wollte, die Prinzessin beachtete ihn gar nicht. Sie eilte nach Hause und hatte den armen Frosch schnell vergessen, der zurück in seinen Brunnen steigen musste.

Am nächsten Tag saß die Prinzessin mit dem König am Tisch und aß von ihrem goldenen Teller. Da kam jemand – plitsch, platsch, plitsch, platsch – die Marmortreppe heraufgekrochen. Oben angelangt, klopfte er an die Tür und rief: »Königstochter, jüngste, mach mir auf.«

Die Prinzessin lief zur Tür und öffnete.

Draußen saß der Frosch.

Hastig warf sie die Tür wieder zu und eilte zurück an den Tisch. Der König sah, dass ihr das Herz vor Aufregung gewaltig klopfte, und fragte: »Was ist los, mein Kind? Wieso fürchtest du dich? Steht etwa ein Riese vor der Tür und will dich holen?«

»Oh nein«, antwortete die Prinzessin. »Es ist kein Riese, sondern ein garstiger Frosch.«

»Was will der Frosch von dir?«

»Ach, ich weiß auch nicht. Als ich gestern beim Brunnen gespielt habe, ist mir meine goldene Kugel ins Wasser gefallen. Und weil ich so traurig war, hat der Frosch sie wieder herausgeholt. Dafür musste ich ihm versprechen, dass wir Freunde werden. Aber ich hätte nie gedacht, dass er wirklich aus dem Brunnen herauskommt! Jetzt hockt er draußen und will zu mir.«

In diesem Augenblick klopfte der Frosch zum zweiten Mal an die Tür und rief: »Königstochter, jüngste, mach mir auf. Weißt du nicht, was du gestern zu mir gesagt hast bei dem kühlen Brunnenwasser? Königstochter, jüngste, mach mir auf.«

Da sagte der König: »Was du versprochen hast, musst du auch halten. Geh zurück und mach ihm auf.«

Was blieb der Prinzessin anderes übrig? Sie öffnete die Tür und der Frosch hüpfte an ihr vorbei ins Schloss. Dann folgte er ihr bis zum Tisch und rief ihr vom Boden zu: »Heb mich herauf zu dir.«

Die Prinzessin zögerte.

Doch der König erinnerte sie an ihr Versprechen und befahl: »Tu, was der Frosch sagt.«

Als der Frosch auf dem Stuhl war, wollte er auf den Tisch, und als er auf dem Tisch saß, sagte er: »Jetzt essen wir zusammen von deinem goldenen Teller.«

Nur widerwillig erfüllte die Prinzessin diesen Wunsch. Der Frosch langte kräftig zu, aber der Königstochter war der Appetit gründlich vergangen.

»Ich bin satt«, sagte der Frosch schließlich, »und müde. Trag mich in dein Zimmer, dann schlafen wir zusammen in deinem Bett.«

Die Königstochter fing an zu weinen. Ihr grauste es vor dem kalten Frosch. Um nichts in der Welt wollte sie ihn in ihr Bett lassen!

Doch der König erinnerte seine Tochter streng an ihr Versprechen.

Da packte die Prinzessin den Frosch mit zwei Fingern, trug ihn hinauf in ihre Kammer und setzte ihn in eine Ecke. Als sie im Bett lag, kam er angekrochen und sagte: »Ich bin müde! Und ich will es genauso gemütlich haben wie du. Also heb mich hoch, sonst sag ich's deinem Vater.«

Jetzt kochte die Prinzessin vor Wut. Sie packte den Frosch und warf ihn mit aller Kraft gegen die Wand.

»Gib endlich Ruhe, du garstiger Frosch!«

Doch als er herunterfiel, war er kein Frosch mehr, sondern ein Königssohn mit schönen freundlichen Augen.

Der Königstochter gefiel, was sie sah. Und so wurde der Prinz ihr guter Freund, ganz wie ihr Vater es sich gewünscht hatte.

Der Prinz erzählte der Königstochter, dass eine böse Hexe ihn verwünscht hatte. Und nur die jüngste Tochter des Königs hatte ihn aus dem Brunnen befreien können.

Die beiden beschlossen, gleich am nächsten Tag in das Reich des Prinzen zu reisen, und schliefen ein.

Am folgenden Morgen, als die Sonne sie weckte, kam eine Kutsche vor das Schloss gefahren. Acht stattliche weiße Pferde, die Köpfe mit weißen Straußenfedern und das Geschirr mit goldenen Ketten geschmückt, zogen den Wagen. Und hinten auf der Kutsche stand der Diener des jungen Königs, der treue Heinrich.

Er war so betrübt über die Verwandlung des Prinzen, dass er sich drei eiserne Bänder um sein Herz hatte legen lassen, damit es ihm nicht vor Traurigkeit zerspränge.

Der treue Heinrich half dem Prinzen und der Königstochter in die Kutsche und stellte sich wieder hinten auf seinen Platz, froh, dass der Zauber endlich gebrochen war. Dann machten sie sich auf den Weg in das Reich des Prinzen.

Als sie ein Stück gefahren waren, hörte der Königssohn ein Krachen. Er drehte sich um und rief: »Heinrich, der Wagen bricht.«

»Nein, Herr, der Wagen nicht, es ist ein Band von meinem Herzen, das da lag in großen Schmerzen, als ihr in dem Brunnen saßt, als ihr ein Frosch wart.«

Zweimal noch krachte es auf dem Weg und jedes Mal erschreckte sich der Königssohn. Doch es waren nur die eisernen Bänder, die vom Herzen des treuen Heinrich fielen, weil sein Prinz endlich glücklich und erlöst war.

Der Wolf und die sieben Geißlein

Es war einmal eine Geiß, die hatte sieben junge Geißlein, die sie von ganzem Herzen liebte.

Eines Tages wollte die Geißmutter in den Wald gehen und etwas zu essen holen. Also rief sie die sieben Geißlein zu sich und sagte: »Liebe Kinder, ich will hinaus in den Wald. Hütet euch vor dem Wolf, während ich weg bin. Wenn er ins Haus kommt, frisst er euch alle mit Haut und Haar. Und denkt daran, der Bösewicht verstellt sich oft, aber an seiner rauen Stimme und an den schwarzen Pfoten könnt ihr ihn erkennen.«

»Keine Sorge, Mama«, sagten die Geißlein. »Wir passen schon auf!«

Und so machte sich die Geißmutter beruhigt auf den Weg.

Es dauerte nicht lange, da klopfte jemand an die Haustür und rief: »Macht auf, ihr lieben Kinder, eure Mutter ist da und hat jedem von euch etwas mitgebracht.«

Aber die Geißlein erkannten die raue Stimme. Kein Zweifel, draußen stand der Wolf vor der Tür!

»Wir machen nicht auf«, riefen sie. »Du bist nicht unsere Mutter. Die hat eine feine, liebliche Stimme, aber deine Stimme hört sich ganz rau an. Du bist der Wolf!«

Mürrisch verdrückte sich der Wolf und ging zu einem Krämer. Dort kaufte er ein großes Stück Kreide und verschlang es auf der Stelle. Denn davon

wurde seine Stimme weich. Anschließend kehrte er zurück zum Haus der Geißfamilie.

Dort klopfte er wieder an die Tür und säuselte nun mit heller Stimme: »Macht auf, ihr lieben Kinder, eure Mutter ist da und hat jedem von euch etwas mitgebracht.«

Doch der Wolf hatte seine schwarze Pfote ins Fenster gelegt. Und das bemerkten die Kinder sofort. »Wir machen nicht auf!«, riefen sie. »Unsere Mutter hat keine schwarze Pranken. Du bist der Wolf!«

Der Wolf gab nicht auf und lief geradewegs zum Bäcker. »Ich hab mir die Pfote gestoßen, streich mir Teig drüber!«, verlangte er.

Nachdem der Bäcker ihm die Pfote gehorsam mit Teig bestrichen hatte, eilte der Wolf weiter zum Müller und knurrte: »Streu mir weißes Mehl auf meine Pfote.«

»Der will mich bloß betrügen«, dachte der Müller und weigerte sich, dem Wolf zu helfen.

»Wenn du es nicht tust, fresse ich dich«, drohte der Wolf.

Da bekam der Müller es mit der Angst zu tun und machte ihm eilig die Pfote weiß.

Kurz darauf klopfte der Wolf zum dritten Mal an die Haustür. »Macht auf, Kinder«, sagte er schmeichelnd. »Ich bin's, eure liebe Mutter. Ich habe jedem von euch etwas aus dem Wald mitgebracht.«

»Zeig uns erst deine Pfote«, riefen die Geißlein. »Damit wir wissen, dass du wirklich unsere Mama bist.«

Wieder legte der Wolf die Pranke ins Fenster. Als die Geißlein seine weiße Pfote sahen, öffneten sie sorglos die Tür. Sofort sprang der Wolf hindurch und stürzte ihnen entgegen.

Die Geißlein erschraken fürchterlich und versuchten, sich zu verstecken. Das eine sprang unter den Tisch, das zweite ins Bett, das dritte in den Ofen, das vierte in die Küche, das fünfte in den Schrank, das sechste unter die Waschschüssel, das siebte in den Kasten der Wanduhr.

Aber der Wolf fand sie alle. Blitzschnell verschluckte er eins nach dem anderen. Nur das jüngste im Uhrenkasten entdeckte er nicht.

Satt und zufrieden trollte sich der Wolf, legte sich auf die Wiese unter einen Baum und schlief ein.

Nicht lange danach kam die Geißmutter aus dem Wald zurück. Ein Blick genügte – sie wusste sofort, dass etwas Schreckliches passiert war. Die Haustür stand sperrangelweit offen: Tisch, Stühle und Bänke waren umgeworfen, die Waschschüssel war zerbrochen, Decke und Kissen aus dem Bett gezogen. Die Geiß suchte ihre Kinder, aber fand sie nirgends. Verzweifelt rief sie ihre Namen, doch keines antwortete.

Erst als sie zum Namen des jüngsten Geißleins kam, erwiderte eine feine Stimme: »Hier bin ich, Mama. Ich sitze im Uhrenkasten.«

Erleichtert schloss die Geiß ihr Kind in die Arme und es erzählte vom Wolf, der alle anderen Geißlein gefressen hatte. Die Geißmutter weinte und schrie, bis sie es im Haus nicht mehr aushielt und mit ihrem Jüngsten hinaus auf die Wiese rannte.

Dort lag der Wolf unter dem Baum und schnarchte, dass die Äste zitterten.

Voller Abscheu betrachtete die Geißmutter ihn. Da bemerkte sie plötzlich, dass sich in seiner dicken Wampe etwas regte. Und zappelte!

Sofort schickte sie das jüngste Geißlein nach Hause, um Schere, Nadel und Faden zu holen. Dann schnitt die Geiß dem Wolf den Bauch auf.

Kaum hatte sie den ersten Schnitt gemacht, streckte schon ein Geißlein den Kopf heraus. Als sie weiter schnitt, sprangen nacheinander alle sechs Kinder auf die Wiese. Quicklebendig! Denn der Wolf hatte sie in seiner Gier ganz hinuntergeschluckt.

Alle waren außer sich vor Freude. Die Geißlein jubelten und jauchzten und drückten ihre Mutter, so fest sie konnten.

»Lauft los und sucht Wackersteine«, sagte die Geißmutter dann. »Damit füllen wir dem Biest den Bauch, solange es schläft.«

Schnell rannten die sieben Geißlein los und schleppten einen ganzen Berg Steine herbei. Die stopften sie dem Wolf in den Bauch, bis nichts mehr hineinpasste. Geschwind nähte die Mutter den Bauch wieder zu, bevor der Wolf etwas bemerkte.

Als der endlich ausgeschlafen hatte, war er ganz durstig von den dicken Steinen in seinem Bauch. Schwerfällig schleppte er sich zum Brunnen, um etwas zu trinken. Aber bei jedem Schritt stießen die Steine laut aneinander und so rief der Wolf verwundert:

»Was rumpelt und pumpelt in meinem Bauch herum? Ich dachte, es wären sechs Geißlein, aber das fühlt sich ja an wie Wackersteine.«

Kaum hatte er sich über den Brunnen gebeugt, verlor er das Gleichgewicht und die Steine zogen ihn hinab ins tiefe Wasser.

»Der Wolf ist tot! Der Wolf ist tot!«, riefen die Geißlein begeistert und tanzten mit ihrer Mutter vor Freude um den Brunnen.

Brüderchen und Schwesterchen

Vor langer Zeit lebten zwei Geschwister im Haus ihrer Stiefmutter. Die böse Frau behandelte Brüderchen und Schwesterchen schlecht und so beschlossen die beiden davonzulaufen.

Den ganzen Tag streiften sie über Wiesen und Felder, bis sie erschöpft in einem hohlen Baum im Wald einschliefen.

Am nächsten Morgen brannte die Sonne heiß herunter. »Schwesterchen, ich hab Durst«, sagte Brüderchen. »Komm, wir suchen einen Brunnen.«

Die böse Stiefmutter aber war eine Hexe. Und ihr gefiel es gar nicht, dass Brüderchen und Schwesterchen ausgerissen waren. Deswegen war sie ihnen nachgeschlichen und hatte alle Brunnen im Wald verwünscht.

Wenig später fanden Brüderchen und Schwesterchen einen dieser Brunnen. Doch als Brüderchen daraus trinken wollte, hörte Schwesterchen eine Warnung im Rauschen des Wassers: »Wer aus mir trinkt, der wird ein Tiger.«

Da rief Schwesterchen: »Halt, trink nicht, sonst wirst du ein wildes Tier und zerreißt mich.«

Brüderchen war furchtbar durstig, aber er versprach zu warten.

Der nächste Brunnen war nicht weit, doch auch dort hörte Schwesterchen, wie das Wasser murmelte: »Wer aus mir trinkt, der wird ein Wolf.«

»Brüderchen, trink nicht«, bat Schwesterchen. »Sonst wirst du ein Wolf und frisst mich.«

Und wieder trank Brüderchen nicht. »Beim nächsten
Brunnen muss ich aber etwas trinken«, warnte er seine Schwester.
»Ich bin so durstig!«

Beim dritten Brunnen hörte Schwesterchen: »Wer aus mir trinkt, der wird
ein Reh.«

»Ach bitte, trink nicht«, bettelte Schwesterchen. »Sonst wirst du ein Reh
und läufst weg.«

Doch Brüderchen hatte sich das Brunnenwasser schon in den Mund geschöpft. Und sobald die ersten Tropfen seine Lippen berührten, verwandelte er sich in ein Rehkälbchen.

Schwesterchen weinte bitterlich. »Liebes Reh, ich werde dich niemals verlassen«, versprach sie schließlich, nahm ihr Strumpfband ab, legte es dem Reh um den Hals und führte ihr verhextes Brüderchen weiter durch den Wald.

Nach langer Wanderung kamen sie zu einem verlassenen Haus und Schwesterchen beschloss, dort zu bleiben.

Von nun an lebten die beiden in der Wildnis, Schwesterchen sammelte Wurzeln, Beeren und frisches Gras für das Reh. Zeit zum Spielen hatten sie auch. Was für ein herrliches Leben wäre das gewesen, hätte Brüderchen nur seine menschliche Gestalt gehabt.

Eines Tages veranstaltete der König eine große Jagd im Wald.

Das Reh hörte die Jagdhörner, das Hundegebell und die Rufe der Jäger. Zu gern wollte es bei der Jagd mitmachen!

»Komm aber heute Abend wieder«, verlangte Schwesterchen. »Dann klopf an die Tür und sage: ›Mein Schwesterlein, lass mich herein‹, sonst öffne ich nicht.«

Übermütig sprang das Reh davon. Der König und seine Jäger setzten ihm nach, doch niemand konnte es einholen. Am Abend klopfte es an die Tür, sagte sein Sprüchlein auf und wurde von Schwesterchen hereingelassen.

Am nächsten Morgen ging die Jagd weiter. Wieder wollte das Reh dabei sein und spielte ausgelassen mit den Jägern Fangen. Doch gegen Abend wurde es leicht am Fuß verletzt. Hinkend lief das Reh davon, bemerkte aber nicht, dass sich jemand an seine Fersen geheftet hatte. Ein Jäger folgte ihm bis nach Hause, hörte das Sprüchlein und sah, wie die Tür geöffnet und das

Tier hereingelassen wurde. Das alles wurde dem König berichtet. Dieser wurde sofort neugierig.

So kam es, dass am dritten Tag niemand dem Reh auch nur ein Haar krümmen durfte.

Am Abend dann – noch bevor die Jagd zu Ende war – ließ sich der König das Häuschen zeigen. Er klopfte an und rief: »Mein Schwesterlein, lass mich herein.«

Da ging die Tür auf und der König stand vor dem schönsten Mädchen, das er je gesehen hatte.

Schwesterchen erschrak vor dem eleganten Mann mit der goldenen Krone. Doch der König beruhigte sie, reichte ihr die Hand und fragte: »Willst du mit mir auf mein Schloss gehen und meine Frau werden?«

»Ja, gern« antwortete Schwesterchen, »aber das Reh muss auch mit.«

»Natürlich, es wird ihm bei uns immer gut gehen«, versprach der König. Und so wurde kurz darauf Hochzeit gefeiert und alle lebten vergnügt zusammen.

Die böse Stiefmutter jedoch wurde grün und gelb vor Neid, als sie vom Glück der Stiefkinder erfuhr.

Einige Zeit später brachte die Königin ihr erstes Kind zur Welt, während der König auf der Jagd war.

Die Stiefmutter ergriff die Gelegenheit, um ihre verhassten Stiefkinder ins Unglück zu stürzen. Sie verwandelte sich in eine Kammerfrau und betrat das Zimmer der Königin. »Wollt Ihr nicht baden?«, fragte sie. »Das wird Euch sicher guttun.« Sie brachte die junge Mutter ins Bad und schürte schnell ein so heißes Feuer, das die schwache Königin erstickte.

Nun gab die Hexe ihrer eigenen, hässlichen Tochter, die nur ein Auge hatte, die Gestalt der Königin und legte sie ins königliche Bett.

Am Abend kehrte der König zurück und freute sich über seinen Sohn. Doch als er ans Bett seiner Frau trat, hielt ihn die Hexe zurück. »Lasst Eurer Frau noch einige Tage Ruhe, sie muss sich von der Geburt erholen.« Und so bemerkte der König die falsche einäugige Gemahlin nicht.

Um Mitternacht schliefen alle im Schloss tief und fest. Nur die Kinderfrau wachte neben der Wiege des Neugeborenen. Da trat die richtige Königin ins Zimmer, stumm nahm sie ihr Kind in die Arme und gab ihm zu trinken. Danach legte sie es zurück in sein Bett, streichelte mit traurigem Blick das Reh und verschwand.

So ging es Nacht für Nacht, aber die Kinderfrau traute sich nicht, jemandem davon zu erzählen.

Doch eines Nachts begann die Königin plötzlich zu sprechen und fragte: »Was macht mein Kind? Was macht mein Reh? Nun komm ich noch zweimal und dann nimmermehr.«

Die Kinderfrau hatte Angst und antwortete nicht, aber sie wusste, dass sie nicht länger schweigen konnte. Sobald die Königin wieder verschwunden war, lief sie zum König und erzählte ihm alles.

»Was hat die Frau mit meinem Kind vor?«, rief der König entsetzt. »Heute Nacht wache ich bei dem Kleinen.«

Und so geschah es.

Um Mitternacht erschien die Königin und sagte: »Was macht mein Kind? Was macht mein Reh? Nun komm ich noch einmal und dann nimmermehr.« Sie versorgte ihren Sohn, streichelte das Reh und verschwand. Der König hatte sich nicht getraut, seine Gemahlin anzusprechen, aber auch in der folgenden Nacht saß er neben der Wiege.

Wieder erschien die Königin und sprach: »Was macht mein Kind? Was macht mein Reh? Nun komm ich noch diesmal und dann nimmermehr.«

Da sprang der König auf und rief: »Du kannst niemand anders sein als meine liebe Frau.«

»Ja, die bin ich«, erwiderte die Königin und wurde im selben Moment wieder lebendig. Sie erzählte dem König, was ihr die böse Stiefmutter angetan hatte.

Sofort ließ der König die Hexe und ihre Tochter vor Gericht führen. Sie mussten Brüderchen wieder in einen Menschen verwandeln und wurden streng bestraft. Von da an lebten Schwesterchen und Brüderchen glücklich zusammen bis an ihr Ende.

Rapunzel

Es waren einmal ein Mann und eine Frau, die wünschten sich lange vergeblich ein Kind. Doch dann wurde ihr Wunsch endlich erfüllt und die Frau erwartete ein Baby.

Nach hinten hinaus hatte ihr Haus ein kleines Fenster. Von dort aus sah man in einen prächtigen Garten voller Blumen und Kräuter. Der Garten war von einer hohen Mauer umgeben und niemand traute sich hineinzugehen, denn er gehörte einer mächtigen Zauberin.

Eines Tages stand die schwangere Frau am Fenster und blickte wieder einmal in den Garten. Da bemerkte sie ein Beet mit Rapunzeln. Der Salat sah so frisch und knackig aus, dass sie ihn unbedingt essen wollte.

Jeden Tag wuchs ihr Verlangen nach den Rapunzeln. Doch es war klar, dass sie keine bekommen konnte – und so hörte sie ganz auf zu essen. Die Frau wurde schrecklich dünn und immer blasser, bis ihr Mann schließlich erschrak und fragte: »Was fehlt dir, liebe Frau?«

»Ach«, antwortete sie, »wenn ich keine Rapunzeln aus dem Garten hinter unserem Haus zu essen bekomme, sterbe ich.«

Der Mann liebte seine Frau sehr, also beschloss er, die Rapunzeln heimlich zu pflücken.

In der Abenddämmerung stieg er über die Mauer in den Garten der Zauberin. Eilig rupfte er eine Handvoll Rapunzeln aus dem Beet und brachte sie seiner Frau. Die machte sich einen Salat daraus, den sie im Nu verspeiste. Nie hatte ihr etwas besser geschmeckt!

Am nächsten Tag wollte sie wieder von den Rapunzeln essen. Also kletterte ihr Mann in der Abenddämmerung erneut in den Garten – wo plötzlich die Zauberin vor ihm stand.

»Wie kannst du es wagen?«, zischte sie und sah ihn zornig an. »Du steigst ohne Erlaubnis in meinen Garten und stiehlst meine Rapunzeln? Das wirst du bitter bereuen.«

»Oh bitte, seid gnädig«, antwortete der Mann. »Ich habe die Rapunzeln nur genommen, weil meine Frau schwanger ist und sie sich den Salat so sehnlichst gewünscht hat.«

Die Zauberin beruhigte sich ein wenig. »Wenn das stimmt, darfst du so viele Rapunzeln mitnehmen, wie du willst«, sagte sie. »Unter einer Bedingung: Ich bekomme das Kind, das deine Frau zur Welt bringt. Habt keine Angst, es wird ihm bei mir an nichts fehlen und ich werde mich um das Kleine kümmern wie eine Mutter.«

Ängstlich versprach der Mann, was die Zauberin verlangte.

Die Wochen vergingen und schließlich brachte die Frau eine Tochter zur Welt. Augenblicklich erschien die Zauberin, gab dem Mädchen den Namen Rapunzel und nahm es mit sich fort. Die Eltern waren untröstlich, doch sie konnten nichts dagegen tun.

Rapunzel war das schönste Kind weit und breit. Als das Mädchen zwölf Jahre alt wurde, sperrte die Zauberin es in einen Turm mitten im Wald. Der Turm hatte weder Treppen noch Türen. Nur ganz oben gab es ein Zimmer mit Fenster. Wenn die Zauberin zu Besuch kam und in den Turm wollte, stellte sie sich unten hin und rief mit lauter Stimme: »Rapunzel, Rapunzel, lass dein Haar herunter.«

Rapunzel hatte herrliche lange Haare, fein wie gesponnenes Gold. Sobald sie die Stimme der Zauberin hörte, band sie ihre Zöpfe los und wickelte die Haarpracht oben um einen Fensterhaken. Dann ließ sie die Haare herunterfallen und die Zauberin stieg daran hinauf.

So ging es mehrere Jahre. Bis eines Tages der Sohn des Königs durch den Wald ritt und an dem Turm vorbeikam.

Da hörte er eine Stimme so lieblich singen, dass sie ihn sofort bezauberte. Mucksmäuschenstill lauschte der Prinz dem Gesang.

Es war Rapunzel, die sich singend die Zeit vertrieb. Der Königssohn wollte sie sofort kennenlernen und zu ihr hinaufsteigen. Er suchte überall nach einer Tür im Turm – vergeblich!

Betrübt ritt er nach Hause, doch er konnte den wunderschönen Gesang nicht vergessen. Und so kam er jeden Tag zum Turm, um Rapunzel singen zu hören. Eines Tages bemerkte er in seinem Versteck die Zauberin und hörte sie rufen: »Rapunzel, Rapunzel, lass dein Haar herunter.«

Gehorsam ließ Rapunzel die Zöpfe herab und die Zauberin stieg zu ihr hinauf.

»Das will ich auch versuchen«, beschloss der Prinz.

In der Dämmerung des nächsten Tages ging er zum Turm und rief: »Rapunzel, Rapunzel, lass dein Haar herunter.«

Sogleich fielen die Haare herab und der Königssohn stieg hinauf.

Rapunzel erschrak gewaltig, als der fremde Mann zu ihr ins Turmzimmer kletterte. Doch der Königssohn beruhigte sie und erzählte ihr, wie sehr ihr Gesang ihn verzaubert hatte. Da verlor Rapunzel ihre Scheu, denn ihr gefiel der junge, schöne Besucher. Und als er sie fragte, ob sie ihn heiraten wolle, willigte sie ein. »Der wird mich lieber haben als die alte Zauberin«, dachte sie und sagte: »Ich gehe gern mit dir. Bring jedes Mal, wenn du zu mir kommst, einen Strang Seide mit. Daraus werde ich eine Leiter flechten. Wenn die fertig ist, steige ich daran herunter und wir reiten davon.«

Sie verabredeten, sich immer abends zu treffen, denn tagsüber kam die Zauberin zu Rapunzel.

Eine Zeit lang ging das gut, doch eines Tages verplapperte Rapunzel sich und sagte versehentlich zur Zauberin: »Du bist viel schwerer als der junge Königssohn, der mich gleich besuchen kommt.«

»Was?«, schrie die Zauberin. »Du hast mich betrogen!« Zornig packte sie Rapunzels schöne Haare und schnitt sie – ritsch, ratsch – ab. Dann verstieß sie Rapunzel aus dem Turm und brachte das Mädchen in eine finstere Gegend, wo sie von nun an kümmerlich leben musste.

Am Abend desselben Tages befestigte die Zauberin Rapunzels abgeschnittene Zöpfe am Fensterhaken. Als der Königssohn kam und rief: »Rapunzel, Rapunzel, lass dein Haar herunter«, ließ sie die Zöpfe hinab. Nichts ahnend stieg der Königssohn daran hinauf. Doch statt Rapunzel erwartete ihn oben im Turm die böse Zauberin.

»Aha!«, rief sie höhnisch. »Du willst deine Liebste holen! Aber der schöne Vogel sitzt nicht mehr im Nest und singt. Die Katze hat ihn geholt und wird dir gleich noch die Augen auskratzen. Für dich ist Rapunzel verloren, du wirst sie nie wiedersehen.«

Verzweifelt und halb wahnsinnig vor Trauer sprang der Königssohn aus dem Turm. Den tiefen Sturz überlebte er, doch die Dornen, in die er fiel, zerstachen ihm die Augen. So musste er in den folgenden Jahren blind umherirren und er weinte und klagte über seinen Verlust.

Schließlich aber erreichte der Königssohn die Gegend, in der Rapunzel mit einem Mädchen und einem Jungen lebte. Denn in der Zwischenzeit hatte sie Zwillinge geboren. Als der Königssohn an ihrem Haus vorbeikam, hörte er Rapunzel sprechen und konnte sein Glück kaum fassen. Er folgte ihr und rief: »Rapunzel, Rapunzel!« Da erkannte sie ihn, fiel ihm um den Hals und weinte. Zwei ihrer Tränen berührten seine Augen, die sofort geheilt wurden. Endlich konnte der Königssohn wieder sehen! Er brachte Rapunzel und die Kinder in sein Reich, wo sie freudig empfangen wurden. Und sie lebten noch lange glücklich und vergnügt.

Hänsel und Gretel

Am Rand eines großen Waldes lebte ein armer Holzfäller mit seiner Frau und seinen zwei Kindern. Der Junge hieß Hänsel und das Mädchen Gretel. Die Familie hatte wenig zu essen und schließlich wusste der Holzfäller gar nicht mehr, wie er sie ernähren sollte. Jeden Abend wälzte er sich im Bett umher und machte sich Sorgen.

»Was soll bloß aus uns werden?«, sagte er eines Nachts zu seiner Frau. »Wie bekommen wir unsere Kinder satt, wenn wir nichts mehr haben?«

»Ich weiß, was zu tun ist«, antwortete die Frau. »Wir bringen die Kinder morgen früh in den Wald. Wir zünden ihnen ein Feuer an, geben jedem ein Stückchen Brot, machen unsere Arbeit und lassen sie allein. Ohne uns finden sie den Weg nach Hause nicht und wir sind sie los.«

»Oh, nein!«, sagte der Mann. »Wir können unsere Kinder nicht im Wald lassen. Die wilden Tiere werden sie fressen!«

»Sei nicht albern«, schimpfte die Frau. »Sonst müssen wir alle jämmerlich vor Hunger sterben.« Sie ließ ihm keine Ruhe, bis er schließlich in ihren Plan einwilligte.

Doch Hänsel und Gretel hatten gehört, was die Stiefmutter ihrem Vater geraten hatte. Gretel weinte.

»Psst«, beruhigte Hänsel sie. »Mach dir keine Sorgen, ich habe eine Idee.«

Sobald die Eltern schliefen, schlich er hinaus und sammelte im Mondlicht weiße Kieselsteine. Er steckte die Steine in seine Tasche und legte sich wieder ins Bett.

Als der Tag anbrach, weckte die Stiefmutter beide Kinder: »Steht auf, ihr Faulpelze, wir gehen jetzt in den Wald und holen Holz.«

Je weiter sie gingen, umso dichter wurde der Wald. Unterwegs streute Hänsel heimlich die Kieselsteine auf den Weg.

Schließlich machte der Vater ein Feuer und die Stiefmutter sagte: »Nun ruht euch aus. Wir gehen tiefer in den Wald und holen euch später wieder ab.«

Hänsel und Gretel warteten am Feuer, bis sie einschliefen. Als sie aufwachten, war es stockfinster. Gretel fing an zu weinen. »Wie kommen wir jetzt nach Hause?«

Hänsel aber tröstete sie: »Warte, bis der Mond aufgegangen ist. Dann finden wir den Weg.«

Als der Mond hoch am Himmel stand, nahm Hänsel seine Schwester bei der Hand und folgte der Spur aus Kieselsteinen durch den Wald. Die beiden liefen die ganze Nacht hindurch, bis sie am Morgen ihr Zuhause erreichten.

»Wo wart ihr denn so lange?«, fragte die Stiefmutter aufgebracht. »Wir dachten schon, ihr kommt gar nicht wieder.«

Ihr Vater dagegen freute sich, denn es hatte ihn sehr gequält, die Kinder zurückzulassen.

Nach einiger Zeit war die Not wieder groß. »Wir haben nur noch ein kleines Stück Brot. Wenn das aufgegessen ist, müssen wir verhungern«, beschwerte sich die Stiefmutter eines Nachts. »Die Kinder müssen weg! Dieses Mal bringen wir sie noch tiefer in den Wald, damit sie nicht wieder herausfinden.«

Der Mann weigerte sich, doch seine Frau redete so lange auf ihn ein, bis er endlich einwilligte.

Auch diesmal hatten Hänsel und Gretel alles mit angehört. Hänsel wollte wieder nach draußen laufen, um Kieselsteine zu suchen, doch die Stiefmutter

hatte die Haustür verschlossen. Am frühen Morgen holte sie die Kinder aus dem Bett und gab ihnen ein Stückchen Brot, dann gingen sie alle vier gemeinsam los.

Unterwegs brach Hänsel kleine Brocken vom Brot ab und warf sie hinter sich auf die Erde. Die Frau führte Hänsel und Gretel noch tiefer in den Wald als beim ersten Mal.

Wieder warteten die Kinder geduldig, wieder schliefen sie ein und wieder kehrten ihre Eltern nicht zurück.

Hänsel tröstete seine Schwester und sagte: »Warte, bis der Mond scheint, dann zeigen uns die Brotkrümel den richtigen Weg.«

Doch als der Mond aufging, fanden sie kein Brot mehr, denn die Vögel hatten alles weggepickt. So irrten sie hilflos im Wald umher.

Einige Zeit später kamen sie zu einem Häuschen. Es war ganz aus Brot, das Dach bestand aus köstlichem Kuchen und die Fenster aus feinstem weißen Zuckerguss.

»Lass uns davon essen«, sagte Hänsel hungrig. »Ich nehme etwas vom Dach und du kannst vom Fenster essen, das schmeckt süß.«

Hänsel reckte sich und brach ein Stück vom Dach ab. Gretel stellte sich an die Scheiben und knusperte daran. Da rief eine leise Stimme aus der Stube: »Knusper, knusper, knäuschen, wer knuspert an meinem Häuschen?«

Die Kinder antworteten: »Der Wind, der Wind, das himmlische Kind«, und aßen eifrig weiter.

Plötzlich ging die Tür auf und eine alte Frau schlich heraus. Vor Schreck ließen Hänsel und Gretel fallen, was sie in den Händen hielten. Die Alte wackelte mit dem Kopf und fragte: »Wer hat euch denn hierhergebracht? Kommt nur herein und bleibt bei mir, es geschieht euch nichts.«

Sie fasste beide Kinder an der Hand und führte sie in ihr Häuschen. Hänsel

und Gretel bekamen reichlich zu essen und anschließend richtete die Alte zwei Betten für sie her.

Doch in Wahrheit war sie eine böse Hexe, wie sich am nächsten Morgen zeigte: Sie packte Hänsel und sperrte ihn in einen Stall. Dann rüttelte sie Gretel wach und rief: »Steh auf! Hol Wasser und koch deinem Bruder etwas Gutes, der sitzt draußen im Stall und soll fett werden, damit ich ihn essen kann.«

Von nun an bekam Hänsel das beste Essen vorgesetzt.

Jeden Morgen schlich die Alte zum Stall und befahl: »Hänsel, streck deinen Finger heraus, damit ich fühlen kann, wie fett du bist.« Und jedes Mal streckte Hänsel stattdessen einen Hühnerknochen durch die Gitterstäbe, denn den Unterschied erkannte die Hexe mit ihren schlechten Augen nicht.

Doch mit der Zeit begann sie, sich zu wundern, dass Hänsel gar nicht dicker wurde. Schließlich wurde sie ungeduldig und beschloss, ihn nun zu essen – ob fett oder nicht.

Früh am nächsten Morgen musste Gretel den Wasserkessel aufhängen und ein Feuer anzünden.

»Erst wollen wir backen«, bestimmte die Alte, »ich habe den Backofen schon eingeheizt und den Teig geknetet.«

Sie stieß Gretel hinaus zum Ofen, aus dem die Flammen herausschlugen.

»Kriech hinein«, befahl die Hexe, »und sieh nach, ob das Feuer schon heiß genug ist.«

»Wie soll ich das denn machen?«, jammerte Gretel.

»So natürlich!«, schimpfte die Alte und steckte den Kopf in den Backofen. Im selben Moment gab Gretel ihr einen Stoß, knallte die eiserne Tür zu und schob den Riegel vor. So kam die Hexe nicht mehr heraus.

Gretel öffnete Hänsels Stall und rief: »Wir sind erlöst, die Hexe ist tot!«

Hänsel und Gretel jubelten und lachten vor Freude. Sie gingen ins Hexen-haus, wo lauter Kästen mit Perlen und Edelsteinen standen.

»Die sind besser als Kieselsteine«, sagte Hänsel.

Schnell füllten sie sich die Taschen, dann liefen sie fort vom Hexenhaus.

Nach einiger Zeit kamen sie an ein tiefes Wasser.

»Wir können nicht hinüber«, meinte Hänsel, »ich sehe keinen Steg und keine Brücke.«

»Hier fährt auch kein Schiff«, entgegnete Gretel, »aber dahinten schwimmt eine Ente. Ich bitte sie, uns auf die andere Seite zu bringen: Entchen,

Entchen, kein Steg und keine Brücken, bitte nimm uns auf deinen weichen Rücken.«

Die Ente brachte sie über das Wasser und die Kinder liefen nach Hause. Dort fielen sie ihrem Vater um den Hals.

Überglücklich nahm der Holzfäller seine Kinder in die Arme, denn er hatte es längst bereut, sie im Wald gelassen zu haben. Seine Frau war in der Zwischenzeit gestorben.

Hänsel und Gretel zeigten ihre Schätze. Nun mussten sie nie wieder Hunger leiden und lebten glücklich bis ans Ende ihrer Tage.

Aschenputtel

Es war einmal ein schönes Mädchen, das um seine verstorbene Mutter trauerte. Jeden Tag besuchte sie ihr Grab und weinte. Der Winter verging, der Frühling kam und kurz darauf heiratete der Vater ein weiteres Mal.

Die neue Frau brachte zwei Töchter mit ins Haus, die schön, aber auch sehr gemein waren. Sie nahmen dem Mädchen alle Kleider weg, steckten sie in einen alten grauen Kittel und gaben ihr Holzschuhe.

»Seht nur, die stolze Prinzessin«, spotteten sie und schickten das Mädchen in die Küche. Jetzt musste sie von morgens bis abends schuften. Sie stand als Erste auf, schleppte Wasser, machte Feuer, kochte und wusch die Wäsche. Sie hatte kein Bett zum Schlafen, sondern musste sich abends neben den Herd in die Asche legen. So war sie immer staubig und schmutzig und wurde überall nur noch Aschenputtel genannt.

Eines Tages musste der Vater auf Geschäftsreise gehen und fragte die Stieftöchter: »Was soll ich euch mitbringen?«

»Schöne Kleider«, antwortete die erste.

»Perlen und Edelsteine«, entgegnete die zweite.

»Und du, Aschenputtel?«, fragte der Vater. »Was möchtest du haben?«

»Bring mir den ersten Zweig mit, der dir auf dem Heimweg gegen den Hut stößt«, sagte Aschenputtel.

Der Vater kaufte den Stiefschwestern schöne Kleider, Perlen und Edelsteine, nur Aschenputtels Wunsch hatte er fast vergessen. Doch auf dem

Rückweg streifte ihn ein Haselnusszweig. Da erinnerte er sich, brach den Zweig ab und steckte ihn ein.

Zu Hause gab er den Stieftöchtern ihre Geschenke und Aschenputtel den Haselnusszweig.

Aschenputtel bedankte sich und lief zum Grab ihrer Mutter. Weinend pflanzte sie den Zweig darauf ein und begoss ihn mit ihren Tränen.

Bald wurde aus dem Zweig ein stattlicher Baum, den Aschenputtel täglich besuchte. Oft ließ sich auch ein schöner Vogel auf dem Baum nieder und sang. Dann lauschte Aschenputtel seinem Lied und fühlte sich getröstet.

Eines Tages veranstaltete der König ein Fest, das drei Tage dauern sollte. Alle schönen Mädchen des Landes waren eingeladen, denn der Sohn des Königs sollte sich endlich eine Braut suchen.

Die Stiefschwestern fielen vor Aufregung fast in Ohnmacht und begannen sofort mit den Vorbereitungen für den Ball.

»Kämm uns die Haare und putz die Schuhe«, befahlen sie Aschenputtel. »Wir gehen zum Ball des Königs.«

Aschenputtel gehorchte, aber bei der Arbeit kamen ihr die Tränen. Wie gern wäre sie auch zum Fest gegangen! Doch als sie ihre Stiefmutter darum bat, lachte diese nur. »Du, Aschenputtel?«, fragte sie höhnisch. »Du bist von Kopf bis Fuß voller Staub und Dreck. Willst du wirklich so zum Ball gehen? Ohne prächtiges Kleid und zierliche Schuhe willst du mit dem Prinzen tanzen?«

Aschenputtel ließ sich nicht abwimmeln und bettelte weiter. Schließlich verlor ihre Stiefmutter die Geduld und schüttete eine Schüssel Linsen in die Asche vor dem Herd.

»Wenn du die Linsen in zwei Stunden wieder herausgelesen hast, darfst du mitgehen.«

Aschenputtel öffnete die Hintertür zum Garten und rief: »Ihr zahmen Täubchen, ihr Turteltäubchen, all ihr Vöglein unter dem Himmel, kommt und helft mir: Die guten ins Töpfchen, die schlechten ins Kröpfchen.«

Sofort schwirrten die Vögel herein. Sie ließen sich in der Asche nieder, pickten eifrig drauflos und lasen die Linsen heraus. Nach einer Stunde waren sie fertig und flogen wieder davon.

Erwartungsvoll brachte Aschenputtel der Stiefmutter die Schüssel, doch die schüttelte nur den Kopf und sagte: »Nein, Aschenputtel, du hast keine Kleider und kannst nicht tanzen.«

Aschenputtel weinte, bis die Stiefmutter sagte: »Also gut, wenn du mir zwei Schüsseln voll Linsen in einer Stunde aus der Asche lesen kannst, darfst du mit zum Ball gehen.«

Wieder öffnete Aschenputtel die Hintertür und rief: »Ihr zahmen Täubchen, ihr Turteltäubchen, all ihr Vöglein unter dem Himmel, kommt und helft mir: Die guten ins Töpfchen, die schlechten ins Kröpfchen.«

Wie zuvor kamen alle Vögel herbei und ließen sich in der Asche nieder. Kurz darauf hatten sie die guten Linsen in die Schüsseln gepickt und flogen wieder hinaus.

Aschenputtel überreichte der Stiefmutter die Schüsseln. Sicher durfte sie nun zum Ball gehen! Doch die Stiefmutter schüttelte den Kopf und sagte: »Du darfst trotzdem nicht mitkommen. In dem Kleid kannst du auf keinen Fall vor den König treten. Wir müssten uns ja deinetwegen schämen.«

Sie wandte Aschenputtel den Rücken zu und eilte mit ihren Töchtern Richtung Kutsche davon.

Als alle aus dem Haus waren, ging Aschenputtel zum Haselnussbaum auf dem Grab ihrer Mutter und rief: »Bäumchen, rüttel dich und schüttel dich, wirf Gold und Silber über mich.«

Da warf ihr der schöne Vogel ein gold- und silberfarbenes Kleid herunter und kostbare Schuhe dazu. Eilig streifte Aschenputtel das Kleid über und lief zum Ball des Königs.

Niemand erkannte sie dort, auch die Stiefmutter und ihre Töchter nicht. Alle hielten Aschenputtel für eine fremde Königstochter, so strahlend schön war sie.

Und der Königssohn hatte nur Augen für Aschenputtel. Er tanzte den ganzen Abend mit keiner anderen.

Zu später Stunde wollte Aschenputtel sich verabschieden, um rechtzeitig nach Hause zu kommen.

»Ich begleite dich«, bot der Königssohn sofort an, denn er wollte sehen, woher das schöne Mädchen kam. Doch Aschenputtel entwischte ihm und versteckte sich, sobald sie den Hof erreichten.

Der Königssohn drängte Aschenputtels Vater, nach dem schönen Mädchen zu suchen. Aber als die beiden Männer das Haus betraten, trug Aschenputtel längst wieder den schmutzigen Kittel und lag in der Asche vor dem Herd. So erkannte der Prinz sie nicht.

Am nächsten Tag wurde das Fest fortgesetzt. Kaum waren die Eltern mit den Stiefschwestern davongefahren, lief Aschenputtel zum Haselnussbaum und sagte: »Bäumchen, rüttel dich und schüttel dich, wirf Gold und Silber über mich.«

Da warf der prächtige Vogel ein wunderschönes Kleid mitsamt den passenden Schuhen herunter.

Wie am vorigen Tag staunten alle über Aschenputtels Schönheit, als sie auf dem Ball erschien. Der Königssohn hatte sie bereits erwartet, nahm sie bei der Hand und tanzte wieder nur mit ihr.

Am Abend verabschiedete Aschenputtel sich vom Prinzen, sprang davon und versteckte sich, sodass er sie nicht finden konnte.

Am dritten Festtag gingen Eltern und Stiefschwestern erneut zum Ball. Aschenputtel eilte zum Haselnussbaum und sprach: »Bäumchen, rüttel dich und schüttel dich, wirf Gold und Silber über mich.«

Der Vogel warf ein neues Kleid herab, so prächtig und glänzend wie keines zuvor, und dazu goldene Schuhe.

Allen blieb vor Verblüffung der Mund offen stehen, als Aschenputtel auf dem Ball erschien.

Der Königssohn tanzte nur mit ihr – und wieder wollte sich das Mädchen nach dem Fest davonstehlen. Sie eilte die Schlosstreppe hinunter, viel zu

schnell für den Prinzen. Doch dieses Mal hatte der listige Königssohn die Treppe mit Pech bestreichen lassen und so verlor Aschenputtel einen der goldenen Schuhe.

Am nächsten Morgen verkündete der Prinz, dass nur diejenige seine Frau werden würde, deren Fuß in diesen Schuh passte.

Er ging zu Aschenputtels Haus, wo die Stiefschwestern ihn bereits sehnsüchtig erwarteten.

Die älteste Tochter probierte den Schuh, aber sie kam mit dem großen Zeh nicht hinein und so hieb sie ihn kurzerhand ab.

Unter Schmerzen humpelte sie zum Prinzen, der die Tochter als seine Braut aufs Pferd nahm. Doch als sie am Grab vorbeiritten, rief der Vogel auf dem Haselnussbaum: »Ruckedigu, ruckedigu, Blut ist im Schuh. Der Schuh ist zu klein, die rechte Braut sitzt noch daheim.«

Da bemerkte der Königssohn das Blut im Schuh, brachte die falsche Braut nach Hause und rief nach der zweiten Tochter. Diese probierte nun den Schuh, aber sie kam mit der Ferse nicht hinein und so hieb sie kurzerhand ein Stück davon ab.

Der Königssohn nahm sie als seine Braut aufs Pferd und ritt mit ihr davon. Aber als sie an dem Haselbäumchen vorbeikamen, rief der Vogel wieder: »Ruckedigu, ruckedigu, Blut ist im Schuh. Der Schuh ist zu klein, die rechte Braut sitzt noch daheim.«

Abermals bemerkte der Königssohn das Blut im Schuh und kehrte auf der Stelle um.

»Das ist auch nicht die rechte Frau«, sprach er. »Habt ihr vielleicht noch eine andere Tochter?«

»Nein«, sagte der Vater, »hier wohnt nur noch Aschenputtel, aber sie kann unmöglich die Braut sein.«

Der Königssohn verlangte Aschenputtel trotzdem zu sehen, aber die Stiefmutter widersprach: »Nein, sie ist viel zu schmutzig.«

Doch der Prinz bestand darauf, dass alle Töchter den Schuh probierten. Also wusch sich Aschenputtel Hände und Gesicht und schlüpfte vor den Augen des Prinzen in den Schuh. Er passte ihr wie angegossen.

In diesem Augenblick erkannte der Königssohn das Mädchen und rief: »Das ist die richtige Braut!«

Die Stiefmutter und ihre Töchter erschraken und wurden ganz bleich vor Ärger. Der Prinz jedoch nahm Aschenputtel aufs Pferd und ritt mit ihr zum Schloss. Als sie an dem Haselnussbaum vorbeikamen, rief der Vogel: »Ruckedigu, ruckedigu, kein Blut ist im Schuh. Der Schuh ist nicht zu klein, die rechte Braut, die führt er heim.«

Frau Holle

Es war einmal eine Witwe, die hatte zwei Töchter. Ihre Stieftochter war schön und fleißig, ihre eigene Tochter dagegen hässlich und faul. Die Mutter hatte die eigene Tochter viel lieber und so durfte diese immerzu faulenzen, während die schöne Stieftochter alle schweren Arbeiten verrichten musste, die im Haushalt anfielen.

Jeden Tag saß sie am Brunnen und spann Wolle, bis ihre Finger bluteten.

Sie verrichtete ihre Arbeit stets gewissenhaft, aber eines Tages passte sie nicht auf und die Spule fiel ihr in den Brunnen. Das schöne Mädchen weinte und lief zur Stiefmutter, doch die schimpfte nur und keifte: »Hast du die Spule hinunterfallen lassen, so hol sie auch wieder herauf.«

Verzweifelt ging das Mädchen zurück zum Brunnen. Von ganz tief unten schimmerte das Wasser herauf – wie sollte es da nur herankommen?

Das Mädchen überlegte hin und her, aber schließlich siegte die Angst vor der Stiefmutter und es sprang in den Brunnen, um die Spule zu holen.

Als es einige Zeit später wieder zu sich kam, lag es auf einer schönen, sonnigen Wiese. Rundherum blühten Tausende Blumen in den prächtigsten Farben.

Und so sprang das Mädchen fröhlich auf und ging ein Stück, bis es zu einem Backofen voller Brot kam.

Das Brot rief: »Ach, zieh mich raus, zieh mich raus, sonst verbrenne ich.«

Das Mädchen nahm sofort den Brotschieber und holte alle Brote aus dem Ofen. Dann wanderte die fleißige Stieftochter weiter.

Nach einiger Zeit kam sie zu einem Baum, der voller Äpfel hing. Der Baum rief dem schönen Mädchen zu: »Ach, schüttle mich, schüttle mich, die Äpfel sind alle miteinander reif.«

Da schüttelte das Mädchen den Baum, bis alle Äpfel heruntergefallen waren, dann setzte es seinen Weg fort.

Nach einer Weile kam es zu einem Haus. Aus dem Fenster schaute gerade eine alte Frau, die rief ihm zu: »Fürchte dich nicht, liebes Kind. Du kannst gern bei mir bleiben. Wenn du alle Arbeiten im Haus ordentlich erledigst, wird es dir bei mir gut gehen. Vor allem musst du mein Bett machen und es

kräftig aufschütteln, dass die Federn fliegen. Dann schneit es auf der Erde! Denn ich bin Frau Holle.«

Das schöne Mädchen willigte ein und blieb bei der alten Frau. Dort schüttelte es die Betten so kräftig, dass die Federn wie Schneeflocken umherflogen. Frau Holle war sehr zufrieden und dem Mädchen ging es gut.

Doch nach einer Weile wurde es traurig und sehnte sich nach zu Hause.

»Ich habe Heimweh«, erklärte das schöne Mädchen. »Auch wenn es mir hier unten gut geht, kann ich nicht länger bleiben. Ich muss wieder hinauf zu meiner Familie.«

Frau Holle entgegnete: »Es gefällt mir, dass du wieder nach Hause möchtest. Weil du mir die ganze Zeit so wunderbar geholfen hast, werde ich dich selbst wieder hinaufbringen.«

Sie nahm das Mädchen bei der Hand und führte es zu einem großen Tor.

Das öffnete sich wie von Zauberhand, und als das Mädchen hindurchging, prasselte ein gewaltiger Goldregen herunter. Bald war es über und über mit Gold bedeckt.

»Das ist dein Lohn, weil du so ehrlich und fleißig gewesen bist«, sagte Frau Holle und gab dem Mädchen die Spule zurück, die ihm zuvor in den Brunnen gefallen war.

Dann schloss sich das Tor und das Mädchen stand plötzlich wieder vor dem Haus seiner Stiefmutter. Dort saß der Hahn auf dem Brunnen und rief:

»Kikeriki, unsere goldene Jungfrau ist wieder hie.«

Das Mädchen lief hinein zur Stiefmutter, die über das viele Gold staunte und deshalb die ungeliebte Tochter freundlich empfing.

Das Mädchen erzählte glücklich, was passiert war. Und als die Stiefmutter hörte, wie es den Reichtum erlangt hatte, wurde sie gierig. So einen Berg Gold sollte sich ihre faule, hässliche Tochter auch verschaffen!

Also schickte sie die zweite Tochter ebenfalls zum Brunnen.

Dort setzte sich das faule Mädchen an den Brunnenrand. Doch anstatt zu spinnen, warf es die Spule einfach hinunter und sprang gleich hinterher.

Wie seine Schwester zuvor kam auch das faule Mädchen auf der schönen Blumenwiese zur Besinnung. Es machte sich auf den Weg zum Backofen. Darin schrie das Brot wieder: »Ach, zieh mich raus, zieh mich raus, sonst verbrenne ich.«

Das faule Mädchen aber antwortete: »Och, lass mich in Ruhe! Ich hab keine Lust, mich schmutzig zu machen.«

Es wandte dem Backofen den Rücken zu und lief weiter. Kurz darauf kam es zum Apfelbaum, der rief: »Ach, schüttle mich, schüttle mich, die Äpfel sind alle miteinander reif.«

Das Mädchen dachte jedoch gar nicht daran, dem Baum zu helfen. »Bloß nicht!«, wehrte es die Bitte ab. »Dabei könnte mir doch einer auf den Kopf fallen.«

Ohne auch nur einen Finger zu rühren, ging das Mädchen weiter, bis es einige Zeit später Frau Holles Haus erreichte.

Auch das faule Mädchen wurde freundlich begrüßt und durfte bei Frau Holle bleiben.

Am ersten Tag gab es sich noch Mühe, doch am zweiten Tag wurde es bereits wieder fauler und am dritten Tag blieb es lieber im Bett liegen, als die Kissen und Decken zu schütteln.

Frau Holle sah sich das eine Weile an, aber sie hatte schnell genug von der Faulenzerei und brachte das Mädchen zurück zum Tor.

Erwartungsvoll stellte sich das faule Mädchen direkt unter den Torbogen. Doch anstelle des Goldregens wurde es von Kopf bis Fuß mit schwarzem Pech übergossen.

»Das ist die Belohnung für deine Dienste«, sagte Frau Holle und verschloss das Tor.

Über und über mit Pech bedeckt, kehrte das faule Mädchen heim. Auch diesmal saß der Hahn auf dem Brunnen, und als er das Mädchen sah, rief er:

»Kikeriki, unsere schmutzige Jungfrau ist wieder hie.«

Das Pech aber blieb fest an der faulen Tochter hängen und wollte, solange sie lebte, nicht wieder abgehen.

Rotkäppchen

Es war einmal ein kleines Mädchen, das hatte jeder gern. Doch niemand liebte es so sehr wie seine Großmutter. Sie schenkte dem Mädchen eine rote Samtkappe und weil diese ihm so gut stand und es von da an nichts anderes mehr tragen wollte, hieß es überall nur noch »Rotkäppchen«.

Eines Tages ging es der Großmutter nicht gut und so sagte Rotkäppchens Mutter: »Komm, Rotkäppchen, hier sind ein Stück Kuchen und eine Flasche Wein, bring das der Großmutter. Sie ist krank und eine Stärkung wird ihr guttun. Am besten läufst du jetzt gleich los, bevor es heiß wird. Pass auf, dass du nicht fällst und das Glas zerbrichst. Trödle nicht herum und versprich mir, nicht den Weg zu verlassen.«

»Ich passe gut auf und beeile mich«, versprach Rotkäppchen seiner Mutter und machte sich auf den Weg.

Die Großmutter wohnte draußen im Wald, eine halbe Stunde vom Dorf entfernt. Kaum hatte Rotkäppchen den Wald betreten, begegnete ihm der Wolf. Doch Rotkäppchen ahnte nicht, dass er Böses im Schilde führte, und hatte keine Angst.

»Guten Tag, Rotkäppchen«, grüßte der Wolf.

»Hallo, Wolf«, erwiderte Rotkäppchen.

»Wo willst du denn so früh hin, Rotkäppchen?«, wollte der Wolf wissen.

»Zur Großmutter.«

»Was trägst du denn da unter der Schürze?«, bohrte der Wolf weiter.

»Kuchen und Wein. Das soll die kranke und schwache Großmutter stärken.«

»Rotkäppchen, wo wohnt denn deine Großmutter?«, fragte der Wolf lauernd.

»Man geht noch eine gute Viertelstunde durch den Wald. Unter den drei großen Eichen steht ihr Haus, du kennst es bestimmt«, antwortete Rotkäppchen.

Der Wolf dachte bei sich: »Das junge, zarte Ding ist eine köstliche Vorspeise. Die wird noch besser schmecken als die Alte. Und wenn ich mich schlau anstelle, kann ich mir sogar alle beide schnappen.«

Und so ging er ein Weilchen neben dem Mädchen her, bis er schließlich sagte: »Rotkäppchen, sieh mal die schönen Blumen überall. Warum schaust du dich nicht ein bisschen um?«

Da bemerkte auch Rotkäppchen, wie die Sonnenstrahlen zwischen den Bäumen tanzten und die vielen schönen Blumen ringsum zum Leuchten brachten.

»Wenn ich der Großmutter einen frischen Strauß mitbringe, wird sie sich bestimmt freuen«, dachte Rotkäppchen. »Und es ist noch so früh, dass ich jede Menge Zeit habe.«

Also wanderte Rotkäppchen weiter und pflückte eifrig Blumen. Mit der Zeit geriet es tiefer und tiefer in den Wald, ohne zu bemerken, dass es vom Weg abgekommen war.

Währenddessen lief der Wolf schnurstracks zum Haus der Großmutter und klopfte an die Tür.

»Wer ist da?«, fragte eine zittrige Stimme.

»Hier ist Rotkäppchen, ich bringe dir Kuchen und Wein zur Stärkung, mach auf.«

»Komm nur rein«, rief die Großmutter, »ich bin schwach und kann nicht aufstehen.«

Da öffnete der Wolf die Tür, marschierte ohne ein weiteres Wort geradewegs zum Bett der Großmutter und verschlang die arme Frau mit einem einzigen großen Bissen. Dann zog er ihre Kleider an, setzte die Haube auf, machte die Vorhänge zu und legte sich in das leere Bett. Jetzt musste er nur noch warten.

Rotkäppchen hatte bereits einen großen Strauß Blumen gepflückt, als ihm schließlich die Großmutter wieder einfiel. Eilig machte es sich zurück auf den Weg zu ihrem Häuschen.

Dort angekommen bemerkte es verwundert die geöffnete Tür und trat zögernd über die Schwelle.

»Guten Tag«, rief Rotkäppchen, bekam aber keine Antwort.

Rotkäppchen lief zum Bett und zog die Vorhänge zurück. Die Großmutter hatte ihre Haube tief ins Gesicht gezogen und Rotkäppchen wunderte sich über ihr seltsames Aussehen.

»Großmutter«, staunte Rotkäppchen, »was hast du für große Ohren!«

»Damit ich dich besser hören kann.«

»Großmutter, was hast du für große Augen!«

»Damit ich dich besser sehen kann.«

»Großmutter, was hast du für große Hände!«

»Damit ich dich besser packen kann.«

»Aber, Großmutter, was hast du für ein entsetzlich großes Maul!«

»Damit ich dich besser fressen kann.«

Kaum hatte der Wolf das gesagt, machte er einen großen Satz aus dem Bett heraus und verschlang das arme Rotkäppchen mit Haut und Haar.

Danach kroch er satt und zufrieden zurück unter die Bettdecke und begann laut zu schnarchen.

Das hörte ein Jäger, der in diesem Augenblick am Haus der Großmutter vorbeikam.

»Die alte Frau schnarcht aber laut«, dachte der Jäger verwundert. »Da schaue ich lieber mal nach, ob ihr etwas fehlt.«

Leise betrat er die Stube, um die alte Dame nicht zu stören, doch als er vor dem Bett stand, erkannte er sofort den Wolf.

»Hier steckst du also!«, rief der Jäger und griff nach seinem Gewehr. Doch da erinnerte er sich an die Großmutter. Vielleicht hatte der Wolf sie gefressen? Vielleicht war sie noch zu retten?

Also nahm der Jäger eine Schere und schnitt dem schlafenden Wolf den Bauch auf. Schon nach den ersten Schnitten sah er das rote Käppchen leuchten und kurze Zeit später sprangen Rotkäppchen und die Großmutter ganz

lebendig heraus. Denn in seiner Gier hatte der Wolf sie mit einem Happs heruntergeschluckt!

Rotkäppchen lief los und holte große Steine. Damit füllten sie dem Wolf den Bauch. Als dieser erwachte, wollte er schnell davonspringen, doch die Steine waren schwer! Und so fiel er auf der Stelle tot um.

Rotkäppchen und die Großmutter dankten dem Jäger und nachdem die alte Frau Kuchen und Wein verspeist hatte, ging es ihr schnell wieder besser.

Rotkäppchen aber dachte: »Ich werde nie wieder den Weg verlassen, wenn die Mutter es mir verboten hat.«

Die Bremer Stadtmusikanten

Es war einmal ein Esel, der hatte für seinen Herrn schon viele Jahre lang die Säcke unverdrossen und zuverlässig zur Mühle getragen. Nun aber war der Esel alt geworden und nicht mehr kräftig genug, um so hart zu arbeiten.

Da dachte sein Herr daran, ihn fortzugeben. Doch der Esel bemerkte rechtzeitig, dass der Mann nichts Gutes im Sinn hatte, und lief im Schutz der Nacht davon. Er machte sich auf den Weg nach Bremen, denn dort wollte er Stadtmusikant werden.

Als er eine Weile gegangen war, begegnete er einem Jagdhund, der auf der Straße lag und müde vor sich hin japste.

»Was japst du denn so?«, fragte der Esel.

»Ach«, seufzte der Hund, »weil ich alt und für die Jagd nicht mehr schnell genug bin, wollte mein Herr mich loswerden. Deswegen bin ich weggelaufen. Aber jetzt weiß ich nicht, womit ich mein Brot verdienen soll.«

»Weißt du was?«, sagte der Esel. »Ich gehe nach Bremen und werde dort Stadtmusikant. Komm doch mit. Ich spiele die Laute und du schlägst die Pauke.«

Der Hund war einverstanden und so gingen sie zusammen weiter.

Es dauerte nicht lange, da sahen die beiden eine Katze am Wegesrand, die ein Gesicht machte wie drei Tage Regenwetter.

»Was guckst du denn so traurig, alter Bartputzer?«, fragte der Esel.

»Wie soll man sonst gucken, wenn's einem an den Kragen geht?«, antwortete die Katze. »Weil ich alt bin, meine Zähne stumpf werden und ich lieber hinter dem Ofen sitze, als nach Mäusen zu jagen, wollte meine Herrin mich ertränken. Ich bin zwar noch gerade rechtzeitig davongelaufen, aber nun ist guter Rat teuer. Wo soll ich hin?«

»Geh mit uns nach Bremen, du verstehst dich doch auf die Nachtmusik, da kannst du ein Stadtmusikant werden.«

Die Katze fand den Vorschlag gut und ging mit.

Bald darauf kamen die drei an einem Hof vorbei, da saß auf dem Tor der Haushahn und schrie aus Leibeskräften.

»Dein Geschrei geht einem ja durch Mark und Bein«, sprach der Esel, »was ist los?«

»Am Sonntag werden Gäste erwartet«, erwiderte der Hahn, »und nun hat die Hausfrau kein Erbarmen mit mir. Sie hat der Köchin gesagt, dass ich morgen in die Suppe kommen soll. Jetzt schrei ich aus vollem Hals, solange ich noch kann.«

»Ach was, du Rotkopf«, sagte der Esel, »zieh lieber mit uns fort. Wir gehen nach Bremen. Etwas Besseres als den Tod findest du überall. Du hast eine gute Stimme, und wenn wir zusammen musizieren, klingt das bestimmt ganz wunderbar.«

Dem Hahn gefiel der Vorschlag und die vier gingen zusammen weiter.

An einem einzigen Tag konnten sie die Stadt Bremen jedoch nicht erreichen. Und so beschlossen sie am Abend, in einem Wald zu übernachten.

Der Esel und der Hund legten sich unter einen großen Baum, die Katze kletterte auf einen der Äste und der Hahn flog bis hinauf in die Spitze, wo es am sichersten für ihn war. Ehe er einschlief, sah er sich noch einmal nach allen vier Himmelsrichtungen um. Da bemerkte er in der Ferne ein kleines Licht und machte seine Gefährten darauf aufmerksam.

»Da gehen wir hin, denn der Platz hier ist schlecht«, bestimmte der Esel.

Auch der Hund meinte, ein paar Knochen mit etwas Fleisch daran täten ihm gut. Also liefen sie durch den Wald, bis sie zu einem hell erleuchteten Räuberhaus kamen.

Der Esel näherte sich dem Fenster und schaute hinein.

»Was siehst du, Grauschimmel?«, fragte der Hahn.

»Was ich sehe?«, antwortete der Esel. »Einen gedeckten Tisch mit schönem Essen und Trinken und jede Menge Räuber, die es sich gut gehen lassen.«

»Das wäre was für uns«, meinte der Hahn.

»Ach ja, wären wir bloß drinnen!«, seufzte der Esel.

Die Tiere überlegten einige Zeit, wie sie die Räuber verjagen könnten, bis ihnen endlich der richtige Einfall kam.

Der Esel stellte sich mit den Vorderfüßen auf das Fensterbrett, der Hund sprang auf seinen Rücken, die Katze kletterte auf den Hund und dann flog der Hahn hinauf und setzte sich der Katze auf den Kopf. Wie auf ein Zeichen machten sie nun ihre Musik: Der Esel schrie, der Hund bellte, die Katze miaute und der Hahn krähte. Dann stürzten sie durchs Fenster in die Stube. Die Räuber erschraken bei dem entsetzlichen Geschrei, meinten, ein Gespenst käme herein, und flohen ängstlich in den Wald hinaus.

Zufrieden setzten sich die vier Gefährten an den Tisch und stürzten sich auf die Speisen.

Nachdem sie fertig gegessen hatten, löschten die vier Spielleute das Licht und jeder suchte sich einen Schlafplatz.

Der Esel legte sich auf den Mist, der Hund hinter die Tür, die Katze auf den Herd in die warme Asche und der Hahn setzte sich auf den Balken. Müde und erschöpft von dem langen Weg, der hinter ihnen lag, schliefen sie bald ein. Als Mitternacht vorbei war und die Räuber von Weitem sahen, dass kein Licht mehr im Haus brannte, sprach der Hauptmann: »Wir haben uns viel zu einfach verjagen lassen!« Wütend befahl er einem seiner Männer, die Lage auszukundschaften.

Der Räuber fand das Haus ganz still. Beruhigt ging er in die Küche, um ein Licht anzuzünden. Aber dort verwechselte er die feurig glühenden Augen der Katze mit heißen Kohlen und als er sich mit einem Streichholz zum Herd herunterbeugte, sprang sie ihm ins Gesicht. Die Katze verstand keinen Spaß, fauchte wütend und kratzte. Der Räuber erschrak gewaltig und wollte zur Hintertür hinauslaufen – aber da lag der Hund. Der sprang auf und biss ihn ins Bein. Und als der Räuber über den Hof am Misthaufen vorbeirannte, gab ihm der Esel noch einen tüchtigen Tritt mit dem Hinterfuß. Der Hahn, den der Lärm aus dem Schlaf geweckt hatte, krähte vom Balken herunter: »Kikeriki!«

Da lief der Räuber, so schnell er konnte, zu seinem Hauptmann zurück und rief: »In dem Haus sitzt eine schreckliche Hexe, die hat mich angefaucht und mir mit ihren langen Fingern das Gesicht zerkratzt. Vor der Tür steht ein Mann mit einem Messer, der hat mich ins Bein gestochen. Auf dem Hof liegt ein schwarzes Ungetüm, das hat mit einer Holzkeule auf mich eingeschlagen. Und oben auf dem Dach sitzt ein Richter, der rief: ›Bringt mir den Schelm her!‹ Da bin ich fortgelaufen, so schnell ich konnte.«

Von nun an trauten sich die Räuber niemals wieder in das Haus zurück. Den vier Musikanten gefiel es aber so gut darin, dass sie nicht wieder hinauswollten. Und so lebten sie dort fröhlich bis an ihr Lebensende.

Der Teufel mit den drei goldenen Haaren

Es war einmal eine arme Frau, die brachte einen schönen Jungen zur Welt. Ihm wurde vorausgesagt, dass er ein Glückskind sei und die Tochter des Königs heiraten werde.

Kurz nach der Geburt des Kindes erfuhr auch der König von dieser Prophezeiung. Doch für ihn war das keine gute Nachricht. Denn der König hatte ein böses Herz und ärgerte sich sehr darüber, dass seine Tochter einen armen Jungen heiraten sollte. Deshalb machte er den Eltern des Glücksjungen einen Vorschlag: »Gebt mir das Kind, bei mir soll es ihm an nichts fehlen.«

Anfangs weigerten die Eltern sich, doch der fremde Mann bot ihnen viel Geld. Und schließlich willigten sie ein, denn sie hatten kaum genug zu essen. Sie trösteten sich mit dem Gedanken, dass einem Glückskind nie etwas Böses geschehen konnte.

Der König legte das Kind in eine Schachtel und ritt zu einem tiefen Fluss. Dort warf er den Jungen kurzerhand ins Wasser und eilte zurück auf sein Schloss.

Die Schachtel aber ging nicht unter, sondern schwamm davon. Durch die Strömung wurde sie bis zur Hauptstadt des Königs getragen und blieb schließlich an einem Mühlrad hängen.

Der Müller und seine Frau freuten sich sehr über das unerwartete Geschenk, denn sie konnten keine Kinder bekommen. Und so kümmerten sie

sich liebevoll um das Baby, das mit den Jahren zu einem prächtigen Jungen heranwuchs.

Eines Tages stellte sich der König während eines Gewitters in der Mühle unter. »Ist der starke Junge dort euer Sohn?«, fragte er die Müllersleute.

»Nein«, antworteten sie, »er ist ein Findelkind, das wir vor Jahren aus dem Wasser gerettet haben.«

Da begriff der König, dass der Müllersjunge das Glückskind sein musste. Sein Versuch, das Baby verschwinden zu lassen, war gescheitert. Doch er hatte schon eine neue Idee.

»Ihr guten Leute«, sagte er, »könnte der Junge einen Brief an meine Frau, die Königin, überbringen? Für seine Mühe bekommt er auch zwei Goldstücke und eine warme Mahlzeit auf dem Schloss.«

»Wie Ihr wünscht«, antworteten die Müllersleute. Der König schrieb sogleich einen Brief an seine Gemahlin: »Sobald der Junge mit diesem Schreiben das Schloss erreicht, soll er getötet und begraben werden. Alles soll geschehen, ehe ich zurückkomme.«

Der Junge eilte sofort mit dem Brief los, doch unterwegs verirrte er sich in einem großen Wald. Nachdem er einige Stunden im Kreis gelaufen war, entdeckte er ein kleines Haus, in dem noch Licht brannte.

Drinnen saß eine alte Frau allein am Feuer. Sie erschrak, als sie den Jungen erblickte, und fragte: »Wo kommst du her und wo willst du hin?«

»Ich komme von der Mühle«, antwortete er, »und will zur Königin, der ich einen Brief bringen soll. Leider habe ich mich verirrt. Darf ich hier vielleicht übernachten?«

»Du Armer«, erwiderte die Frau, »du bist in ein Räuberhaus geraten. Wenn sie heimkommen, bringen sie dich um.«

»Das kann schon sein«, antwortete der Junge. »Aber ich habe keine Angst.

Ich bin nur furchtbar müde.« Dann legte er sich auf eine Bank, machte die Augen zu und schlief ein.

Bald darauf kamen die Räuber zurück und fragten zornig, wer der ungebetene Gast sei.

»Ach«, sagte die Alte, »das ist ein unschuldiges Kind, es hat sich im Wald verirrt und ich hatte Mitleid mit ihm. Der Junge soll einen Brief zur Königin bringen.«

Die Männer öffneten den Brief und lasen die Botschaft darin. Nun empfanden auch die hartherzigen Räuber Mitleid. Der Anführer zerriss den Brief und schrieb einen neuen. In dem stand, dass der Junge gleich nach seiner Ankunft auf dem Schloss die Königstochter heiraten sollte.

Die Räuber ließen den Jungen schlafen, gaben ihm am nächsten Morgen den Brief und zeigten ihm den richtigen Weg.

Kurz darauf las die Königin den Brief und begann sofort damit, die Anweisungen umzusetzen. Sie ließ ein prächtiges Hochzeitsfest ausrichten und die Königstochter wurde mit dem Glückskind vermählt. Beide mochten sich sehr, denn der Junge war schön und freundlich. Und so lebten sie vergnügt zusammen.

Nach einiger Zeit kehrte der König auf sein Schloss zurück. Er konnte es nicht fassen: Die Weissagung hatte sich erfüllt und das Glückskind war mit seiner Tochter verheiratet!

»So leicht will ich es dir nicht machen«, sagte der König zornig zum Glücksjungen. »Wer meine Tochter haben will, der muss mir aus der Hölle drei goldene Haare vom Kopf des Teufels bringen. Erst dann darfst du meine Tochter behalten.«

Der Glücksjunge verabschiedete sich von seiner Frau und machte sich sofort auf den Weg.

Nach einiger Zeit erreichte er eine große Stadt. Dort kam er mit dem Torwächter ins Gespräch, der ihn um einen Gefallen bat.

»Finde heraus, warum unser Marktbrunnen, der immer mit Wein gefüllt war, trocken geworden ist. Jetzt können wir nicht einmal mehr normales Wasser daraus schöpfen.«

»Das erfahrt ihr, wenn ich wiederkomme«, erwiderte der Glücksjunge und lief weiter zur nächsten Stadt.

Auch hier bat ihn der Torwächter um einen Gefallen.

»Finde heraus, warum der Baum in unserer Stadt, der sonst goldene Äpfel trug, jetzt nicht einmal mehr Blätter bekommt.«

»Das erfahrt ihr, wenn ich wiederkomme«, versprach der Glücksjunge und wanderte weiter bis zu einem großen Fluss, den er überqueren musste.

Der Fährmann bat ihn ebenfalls um einen Gefallen.

»Finde heraus, warum ich immer hin- und herfahren muss und niemals abgelöst werde.«

»Das sollst du erfahren«, antwortete der Glücksjunge. »Warte nur, bis ich wiederkomme.«

Auf der anderen Seite des Flusses entdeckte er dann endlich den Eingang

zur Hölle. Schwarz und verrußt war es darin. Der Teufel war nicht zu Hause, dafür aber seine Großmutter.

»Was willst du?«, fragte sie nicht unfreundlich.

»Ich soll dem König drei goldene Haare vom Kopf des Teufels bringen«, antwortete der Glücksjunge. »Gelingt mir das nicht, muss ich mich von meiner Frau trennen.«

»Das ist viel verlangt«, erwiderte die Großmutter. »Wenn der Teufel nach Hause kommt und dich findet, geht es dir an den Kragen. Aber du tust mir leid und ich will versuchen, dir zu helfen.« Dann verwandelte sie den Jungen in eine Ameise. »Kriech zwischen meine Rockfalten, da bist du sicher.«

»Mache ich«, antwortete er, »doch ich muss noch drei weitere Dinge erfahren. Warum ist ein Brunnen, aus dem sonst Wein kam, trocken geworden und gibt noch nicht einmal mehr Wasser? Warum hat ein Baum, der sonst goldene Äpfel trug, keine Blätter mehr? Und warum muss ein Fährmann immer den Fluss überqueren und wird niemals abgelöst?«

»Das sind schwere Fragen«, antwortete die Großmutter. »Sei still und hör zu, was der Teufel sagt, wenn ich ihm die drei Haare ausreiße.«

Am Abend kam der Teufel nach Hause.

»Ich rieche Menschenfleisch«, sagte er und suchte in allen Ecken, konnte aber nichts finden.

»Ich habe gerade erst sauber gemacht«, schimpfte die Großmutter. »Bring mir nicht alles durcheinander! Immer riechst du überall Menschenfleisch. Jetzt setz dich und iss erst einmal was.«

Nachdem der Teufel gegessen und getrunken hatte, wurde er müde. Er legte den Kopf in den Schoß der Großmutter und bat, sie möge ihn lausen. Als er eingeschlafen war, packte die Alte ein goldenes Haar, riss es aus und legte es neben sich.

»Autsch!«, schrie der Teufel. »Was machst du denn da?«

»Ich habe schlecht geträumt«, antwortete die Großmutter.

»Was hast du denn geträumt?«, fragte der Teufel.

»Ich habe von einem Brunnen geträumt, aus dem sonst Wein kam. Doch nun quillt nicht einmal mehr Wasser daraus. Woran liegt das?«

»Tja, wenn die Leute das wüssten!«, antwortete der Teufel. »Unter einem Stein im Brunnen sitzt eine Kröte. Wenn sie die töten, fließt der Wein wieder.«

Die Großmutter lauste ihn weiter, bis er einschlief und schnarchte, dass die Fenster wackelten. Da riss sie ihm das zweite Haar aus. »Was machst du?«, schrie der Teufel zornig.

»Sei nicht böse«, antwortete sie. »Ich habe wieder geträumt.«

»Was war es diesmal?«, fragte er.

»Ich träumte von einem Obstbaum, der immer goldene Äpfel getragen hat. Doch nun wächst nicht mal mehr Laub daran. Warum bloß?«

»Tja, wenn die Leute das wüssten!«, grunzte der Teufel. »An der Wurzel nagt eine Maus. Wenn sie die töten, trägt der Baum wieder goldene Äpfel. Nagt sie jedoch noch länger an den Wurzeln, verdorrt er ganz. Jetzt lass mich schlafen und stör mich nicht!«

Die Großmutter beruhigte ihren Enkel und lauste ihn weiter, bis er wieder eingeschlafen war.

Da packte sie das dritte goldene Haar und riss es aus. Der Teufel fuhr hoch, schrie und wollte schon auf sie losgehen, doch sie besänftigte ihn wieder und sprach: »Ich kann doch nichts für meine Albträume!«

»Was hast du jetzt wieder geträumt?«, fragte er neugierig.

»Ich habe von einem verzweifelten Fährmann geträumt, der sich beklagte, dass er immer hin- und herfahren muss und nicht abgelöst wird. Was kann man da wohl machen?«

»Ach, so ein Dummkopf!«, antwortete der Teufel. »Wenn einer über den Fluss will, muss er ihm einfach das Ruder in die Hand drücken und verschwinden. Schon ist er frei.«

Nun ließ die Großmutter den Teufel bis zum nächsten Morgen friedlich weiterschlafen.

Sobald der Teufel das Haus verlassen hatte, holte die Großmutter die Ameise aus ihrer Tasche und erlöste den Glücksjungen aus seiner Verzauberung.

»Hier sind die drei goldenen Haare«, sagte sie. »Die Antworten auf deine drei Fragen hast du ja selbst gehört.« »Ja«, nickte der Glücksjunge. »Ich will

mir alles gut merken.« Er bedankte sich bei der Alten für ihre Hilfe und verließ die Hölle.

Am Fluss wollte der Fährmann die Antwort auf seine Frage wissen.

»Fahr mich erst hinüber«, verlangte das Glückskind, »danach sage ich dir, wie du erlöst wirst.«

Am gegenüberliegenden Ufer gab er dem Fährmann wie versprochen den Rat des Teufels: »Wenn wieder einer kommt, der über den Fluss will, gibst du ihm einfach das Ruder und läufst davon.«

Dann ging der Glücksjunge zu der Stadt mit dem unfruchtbaren Baum. Auch dort richtete er die Antwort des Teufels aus: »Tötet die Maus, die an der Wurzel des Baums nagt, dann trägt er wieder goldene Äpfel.«

Zur Belohnung schenkten ihm die Bürger der Stadt zwei mit Gold beladene Esel.

Kurz darauf kam der Glücksjunge zur Stadt mit dem ausgetrockneten Brunnen. Auch hier gab er des Teufels unfreiwilligen Rat weiter: »Unter einem Stein im Brunnen sitzt eine fette Kröte. Wenn ihr sie tötet, fließt der Wein wieder.«

Auch hier erhielt er zur Belohnung zwei mit Gold beladene Esel.

Nach einem letzten anstrengenden Fußmarsch erreichte der Glücksjunge schließlich das Schloss des Königs und begrüßte seine Frau, die überglücklich war, ihn zu sehen.

Der Glücksjunge brachte dem König die drei goldenen Haare des Teufels. Als der hartherzige Mann die mit Gold beladenen Esel sah, besserte sich seine Stimmung.

»Nun sind alle Bedingungen erfüllt und du kannst meine geliebte Tochter behalten«, sagte er vergnügt. »Aber, lieber Schwiegersohn, woher kommt das viele Gold?«

»Ich bin über einen Fluss gefahren«, antwortete der Glücksjunge. »Und am anderen Ufer war alles voll davon.«

»Kann ich mir dort auch Gold holen?«, fragte der König begierig.

»So viel Ihr nur wollt«, antwortete der Junge. »Lasst Euch von dem Fährmann über den Fluss bringen, dann könnt Ihr drüben Eure Säcke füllen.«

Der habgierige König machte sich eilig auf den Weg. Als er zum Fluss kam, winkte er dem Fährmann. Der ließ ihn einsteigen, doch als sie das andere Ufer erreichten, drückte er dem König das Ruder in die Hand und rannte davon.

Von nun an musste der König über den Fluss fahren als Strafe für seine Sünden.

Tischlein, deck' dich

In alten Zeiten lebte ein Schneider, der hatte drei Söhne und nur eine einzige Ziege. Da sie alle vier von der Ziegenmilch lebten, musste die Ziege gut versorgt werden. Und so brachte einer der Söhne sie immer zum Fressen auf die Weide.

Eines Tages ging der älteste Sohn mit der Ziege auf den Kirchhof. Er ließ sie köstliche Kräuter fressen und fragte schließlich: »Ziege, bist du satt?«

Die Ziege antwortete: »Ich bin so satt, ich mag kein Blatt. Mäh! Mäh!«

»Dann komm mit nach Haus«, sagte der Junge und führte sie zurück.

»Nun«, wollte der alte Schneider wissen, »hat meine liebe Ziege denn auch ordentlich gefressen?«

»O ja«, antwortete der Sohn.

Der Vater wollte sich aber selbst davon überzeugen. Er betrat den Stall, streichelte das Tier und fragte: »Ziege, bist du satt?«

Die Ziege antwortete: »Wovon sollt ich satt sein? Ich sprang nur über Gräbelein und fand kein einzig Blättelein. Mäh! Mäh!«

»Was höre ich da!«, rief der Schneider, lief ins Haus und schimpfte mit seinem Sohn: »Warum behauptest du, die Ziege sei satt?« Aufgebracht jagte er den Jungen davon.

Am nächsten Tag war der zweite Sohn an der Reihe. Er suchte eine Gartenhecke aus, an der üppige Kräuter wuchsen, und die Ziege fraß alles auf. Am Abend fragte er: »Ziege, bist du satt?«

Die Ziege antwortete: »Ich bin so satt, ich mag kein Blatt. Mäh! Mäh!«

»Dann komm mit nach Haus«, erwiderte der Junge und brachte die Ziege wieder heim.

»Nun«, sagte der alte Schneider, »hat die Ziege ordentlich Futter bekommen?«

»O ja«, antwortete der Sohn. »Sie ist so satt, sie mag kein Blatt.«

Der Schneider wollte sich darauf nicht verlassen, ging in den Stall und fragte: »Ziege, bist du auch satt?«

Die Ziege antwortete: »Wovon sollt ich satt sein? Ich sprang nur über Gräbelein und fand kein einzig Blättelein. Mäh Mäh!«

»Dieser Bösewicht!«, schrie der Schneider. »Hat das arme Tier hungern lassen!« Und er verjagte auch seinen zweiten Sohn.

Nun war der dritte an der Reihe. Er suchte einen Busch mit üppigem Laub, von dem die Ziege den ganzen Tag fraß.

Anschließend fragte er: »Ziege, bist du auch satt?«

Die Ziege antwortete: »Ich bin so satt, ich mag kein Blatt. Mäh! Mäh!«

»Dann komm mit nach Haus«, sagte der Junge und führte sie zurück in den Stall.

»Nun«, sagte der alte Schneider, »hat die Ziege dieses Mal ordentlich Futter bekommen?«

»O ja«, antwortete der Sohn. »Sie ist so satt, sie mag kein Blatt.«

Doch der Schneider traute ihm nicht, ging in den Stall und fragte: »Ziege, bist du auch satt?«

Das boshafte Tier antwortete: »Wovon sollt ich satt sein? Ich sprang nur über Gräbelein und fand kein einzig Blättelein. Mäh! Mäh!«

»Diese Lügner!«, tobte der Schneider. Vor Zorn außer sich, warf er auch seinen dritten Sohn aus dem Haus.

Nun war der alte Schneider mit seiner Ziege allein. Am nächsten Morgen ging er in den Stall, streichelte die Ziege und sagte: »Komm, liebes Tier, heute bringe ich dich selbst zur Weide.« Er nahm sie am Strick und brachte sie zu den saftigsten Wiesen, damit sie sich einmal so richtig satt fressen konnte. Am Abend fragte er: »Ziege, bist du satt?«

Sie antwortete: »Ich bin so satt, ich mag kein Blatt. Mäh! Mäh!«

»Dann komm mit nach Hause«, sagte der Schneider, führte die Ziege in den Stall und band sie fest. Im Weggehen drehte er sich noch einmal um und sagte: »Armes Tier, jetzt bist du endlich satt!«

Aber die Ziege rief: »Wie sollt ich satt sein? Ich sprang nur über Gräbelein und fand kein einzig Blättelein. Mäh! Mäh!«

Da begriff der Schneider, dass er seine Söhne zu Unrecht verstoßen hatte. Wütend jagte er die Ziege aus dem Haus. Dann wurde er furchtbar traurig, denn ihm fehlten seine Söhne. Niemand wusste, wo sie steckten.

Der älteste Sohn war bei einem Schreiner in die Lehre gegangen. Als seine

Lehrzeit vorüber war, schenkte ihm sein Meister einen kleinen Holztisch. Der hatte eine besondere Eigenschaft. Stellte man ihn auf und sagte: »Tischlein, deck dich«, erschienen darauf im Nu die feinsten Speisen und Getränke.

Der Sohn freute sich über das Geschenk und ging damit auf Wanderschaft. Nach einer Weile bekam er jedoch Heimweh und wollte nach Hause zurückkehren. Unterwegs machte er Rast in einem Wirtshaus. Er wurde freundlich empfangen, doch die Wirtsleute hatten kaum noch etwas zu essen.

»Macht nichts«, antwortete der Schreiner. »Seid meine Gäste!« Er stellte sein Tischchen in die Stube und sprach: »Tischlein, deck dich.« Sofort bog sich der Tisch unter den Speisen.

Der Wirt sah mit großen Augen zu und wollte das Tischlein unbedingt haben. In der Nacht vertauschte er den Wunschtisch mit einem alten Tisch aus seiner Rumpelkammer.

Am nächsten Tag erreichte der Schreiner das Haus seines Vaters, der ihn freudig begrüßte.

»Nun, lieber Sohn, was hast du gelernt?«, fragte er.

»Ich bin Schreiner geworden.«

»Ein gutes Handwerk«, erwiderte der Alte, »und was hast du von deiner Wanderschaft mitgebracht?«

Stolz erzählte sein Sohn von dem Zaubertisch. Er ließ seinen Vater alle Verwandten und Freunde einladen, damit sie sich richtig satt essen konnten.

Doch der falsche Tisch brachte keine Speisen und Getränke hervor. Enttäuscht suchte sich der Schreiner Arbeit bei einem Meister, während sein alter Vater sein Geld weiterhin als Schneider verdienen musste.

Der zweite Sohn hatte bei einem Müller gelernt. Am Ende der Lehrzeit sagte sein Meister: »Zum Dank schenke ich dir einen besonderen Esel. Er zieht keinen Wagen und trägt keine Säcke.«

»Wozu ist er dann gut?«, fragte der junge Geselle.

»Stellst du den Esel auf ein Tuch und sprichst ›Bricklebrit‹«, antwortete der Müller, »dann speit er Goldstücke aus, hinten und vorn.«

»Wie praktisch!«, freute sich der Geselle und zog mit dem Esel davon.

Nachdem er sich eine Weile in der Welt umgesehen hatte, bekam er Heimweh und beschloss, nach Hause zurückzukehren.

Unterwegs übernachtete er im selben Wirtshaus wie zuvor auch schon sein älterer Bruder.

Es dauerte nicht lange und der Wirt bekam heraus, was den Esel so kostbar machte. Habgierig beschloss er, den Goldesel zu behalten, und vertauschte ihn in der Nacht heimlich mit einem gewöhnlichen Esel.

Am nächsten Tag erreichte der Müller das Haus seines Vaters.

»Nun, mein lieber Sohn, was hast du gelernt?«, fragte dieser.

»Vater, ich bin Müller geworden.«

»Ein gutes Handwerk«, erwiderte der Alte, »und was hast du von deiner Wanderschaft mitgebracht?«

Stolz berichtete der Junge vom Goldesel.

»Wunderbar!«, freute sich der Schneider. »Dann brauche ich mich nicht mehr mit der Nadel zu quälen.«

Sie luden alle Freunde und Verwandten ein, um den Goldesel vorzuführen.

»Jetzt passt auf!«, sagte der Müller und rief: »Bricklebrit!« Doch was nun herabfiel, das waren leider keine Goldstücke …

Die Besucher lachten und gingen davon.

Dem Alten blieb nichts anderes übrig, als seinen Unterhalt weiter als Schneider zu verdienen. Sein Sohn musste sich Arbeit bei einem Müller suchen.

Der dritte Sohn war bei einem Drechsler in die Lehre gegangen. Während seiner Lehrzeit bekam er Post von seinen Brüdern, die ihm erzählten, was ihnen geschehen war.

Nachdem der Drechsler ausgelernt hatte, schenkte ihm sein Meister zum Abschied einen Sack, in dem ein Knüppel lag.

»Wenn dir jemand Böses will, dann brauchst du nur zu sagen: ›Knüppel, aus dem Sack.‹ Schon springt der Knüppel heraus und stürzt sich auf deinen Widersacher, bis du sagst: ›Knüppel, in den Sack.‹«

Der Geselle dankte ihm, nahm den Sack und ging auf Wanderschaft.

Nach einiger Zeit bekam er Heimweh und wollte zu seinem Vater und seinen Brüdern zurückkehren.

Also machte er sich auf den Weg und erreichte schließlich das Gasthaus, dessen Wirt seine Brüder betrogen hatte.

Der Drechsler setzte sich an den Tisch und begann zu erzählen, was er unterwegs gesehen hatte.

»Das war alles sehr beeindruckend«, sagte er schließlich, »aber nichts ist besser als der Schatz, den ich in diesem Sack hüte.«

Der Wirt spitzte interessiert die Ohren. »Bestimmt ist der Sack voller Edelsteine«, dachte er. »Den hole ich mir auch noch, denn aller guten Dinge sind drei.«

Zur Schlafenszeit streckte sich der Drechsler auf einer Bank aus und benutzte den Sack als Kopfkissen.

Als alle schliefen, zog der Wirt vorsichtig an dem Sack.

Da rief der Drechsler: »Knüppel, aus dem Sack!«

Und der Knüppel legte sofort los. Ohne Unterlass prügelte er auf den Wirt ein, bis der Drechsler ihm befahl, damit aufzuhören.

»Wenn du das Tischlein-deck-dich und den Goldesel nicht herausrückst, geht es weiter«, drohte er.

»Ach nein!«, jammerte der Wirt. »Du bekommst alles zurück.«

Am folgenden Morgen ging der Drechsler heim zu seinem Vater.

»Nun, mein lieber Sohn, was hast du gelernt?«, fragte dieser.

»Vater, ich bin ein Drechsler geworden.«

»Ein gutes Handwerk«, erwiderte der Alte, »und was hast du von deiner Wanderschaft mitgebracht?«

»Ein kostbares Stück, lieber Vater«, antwortete der Sohn und berichtete von dem Knüppel im Sack. Dann zeigte er auch das Tischlein-deck-dich und den Goldesel und bat den Vater, alle Verwandten und Freunde einzuladen, um ihnen die Errungenschaften vorzuführen.

Der Vater zögerte, doch schließlich lud er alle ein.

Als die Familie beisammensaß, führte der Schreiner das Tischlein vor und der Müller den Goldesel.

Anschließend wurde kräftig gefeiert. Von nun an lebten der alte Schneider und seine drei Söhne vergnügt und sorglos.

König Drosselbart

Es war einmal ein König, der hatte eine wunderschöne Tochter, die er sehr liebte und verwöhnte. Als das Mädchen im richtigen Alter war, sollte es heiraten. Doch es war so stolz und hochmütig, dass es alle Bewerber verspottete und davonjagte.

Der König gab die Hoffnung jedoch nicht auf und richtete ein großes Fest aus, zu dem er alle jungen heiratswilligen Männer einlud.

Nach Rang und Namen stellten sie sich in einer Reihe auf. Zuerst kamen die Könige, dann die Herzöge, die Fürsten, Grafen, Freiherren und schließlich die Edelleute.

Die Königstochter schritt langsam an ihnen vorüber und hatte an jedem etwas auszusetzen.

Einer war ihr zu dick, der andere zu dürr. Ein Dritter zu klein, ein Vierter zu blass und wieder einer war zu krumm.

Ganz besonders machte sie sich über den Königssohn lustig, der ganz vorn in der Reihe stand.

»Dein Kinn ist so krumm, das sieht ja aus wie der Schnabel einer Drossel«, rief sie höhnisch.

Von nun an hieß er überall nur noch »König Drosselbart«.

Der alte König jedoch war nun endgültig verärgert darüber, wie seine Tochter mit den jungen Männern umging. Und so verkündete er, sie solle den erstbesten Bettler zum Mann nehmen, der zur Tür hereinkäme. Die Prinzessin nahm seine Drohung nicht ernst.

Doch einige Tage später sang ein Spielmann im Schlosshof, um sich etwas Geld zu verdienen. Der König ließ ihn hereinbringen und vor dem Hofstaat auftreten. Der Spielmann sang in seinen zerlumpten Kleidern und bat anschließend um eine milde Gabe.

»Mir hat dein Gesang gut gefallen«, sagte der König. »Darum darfst du nun meine Tochter heiraten.«

Die Königstochter erschrak, doch ihr Vater blieb unerbittlich. »Ich habe mein Versprechen gegeben und das halte ich auch!«

Nachdem die Prinzessin mit dem Spielmann vermählt war, schickte der König sie fort aus dem Schloss.

Der Spielmann nahm die Königstochter bei der Hand und führte sie zu Fuß davon. Als sie in einen großen Wald kamen, fragte die Prinzessin: »Ach, wem gehört der schöne Wald?«

»Der gehört dem König Drosselbart. Hättest du den genommen, so wär er dein«, antwortete ihr frisch angetrauter Gemahl.

Da seufzte die Prinzessin: »Ich arme Jungfer zart, ach, hätt ich doch genommen den König Drosselbart!«

Kurz darauf kamen sie zu einer Wiese, da fragte sie wieder: »Wem gehört die schöne grüne Wiese?«

Der Spielmann antwortete: »Sie gehört dem König Drosselbart. Hättest du den genommen, so wär sie dein.«

Die Prinzessin schlug die Hände vors Gesicht. »Ich arme Jungfer zart, ach, hätt ich doch genommen den König Drosselbart!«

Dann kamen sie durch eine große Stadt, da fragte sie wieder: »Wem gehört diese schöne große Stadt?«

Und erneut antwortete ihr Mann: »Sie gehört dem König Drosselbart. Hättest du den genommen, so wär sie dein.«

»Ich arme Jungfer zart, ach, hätt ich doch genommen den König Drossel-bart!«

»Es gefällt mir überhaupt nicht«, beschwerte sich der Spielmann, »dass du dir immerzu einen anderen Mann wünschst. Bin ich dir etwa nicht gut genug?«

Schließlich kamen sie zu einem winzigen Häuschen. Die Prinzessin schaute sich verwundert um und fragte: »Ach, Gott, wem gehört denn dieses winzige Haus?«

Der Spielmann antwortete: »Das ist unser Haus, meine Liebe. Hier werden wir zusammen wohnen.«

Die Königstochter musste sich bücken, um durch die niedrige Tür zu gelangen. »Wo sind die Diener?«, fragte sie.

91

»Welche Diener?«, antwortete der Spielmann. »Du musst die Arbeit schon selbst erledigen. Mach gleich Feuer, setz Wasser auf und koch das Essen. Ich bin müde.«

Doch da die Königstochter das noch nie gemacht hatte, musste der Spielmann ihr alles zeigen.

Und bereits früh am nächsten Morgen ging es weiter. Er jagte sie aus dem Bett und trieb sie zur Arbeit an.

Nach einigen Tagen sagte der Spielmann: »Wir müssen Geld verdienen. Vielleicht kannst du Körbe herstellen.« Er schnitt Weidenzweige, doch als sie anfing, daraus Körbe zu flechten, stachen die Zweige ihre zarten Hände kaputt.

»Ich sehe, das geht nicht«, sagte ihr Mann. »Spinn lieber, vielleicht kannst du das besser.«

Sie setzte sich hin und versuchte zu spinnen, aber der harte Faden schnitt ihr so sehr in die weichen Finger, dass bald Blut daran herunterlief.

»Auch das wird nichts«, sprach der Spielmann, »du kannst ja wirklich gar nichts! Also geh zum Markt und verkaufe Töpfe und Geschirr, damit wir Geld einnehmen.«

Die Königstochter fürchtete sich davor, auf dem Markt von Bekannten aus dem Königreich ihres Vaters verspottet zu werden. Doch es half nichts: Sie musste dorthin und die Töpferwaren des Spielmanns verkaufen.

Eine Weile ging alles gut, denn so schön, wie sie war, kauften die Menschen gern bei ihr ein.

Doch eines Tages baute die Königstochter ihren Stand an einer Ecke direkt neben der Straße auf, um noch mehr Waren zu verkaufen. Da kam ein Ritter herangeprescht und ritt mitten hinein, sodass alles Geschirr in tausend Scherben zersprang.

Die Prinzessin fing an zu weinen und traute sich kaum, wieder nach Hause zu gehen.

»Wer setzt sich auch mit Geschirr direkt an die Straße?«, rief der Spielmann, als sie von ihrem Unglück erzählte. »Hör auf zu weinen. Im Schloss können sie eine Küchenmagd gebrauchen, dort kannst du arbeiten und bekommst als Lohn etwas zu essen.«

Von nun an schuftete die Königstochter im Schloss als Küchenmagd und musste dort die schwersten Arbeiten verrichten. Was abends in der Küche übrig blieb, trug sie in zwei Töpfchen nach Hause, die sie an ihrem Kleid befestigt hatte.

Einige Zeit später sollte der älteste Königssohn seine Hochzeit feiern. Die Prinzessin schlich hinauf zum Festsaal und schaute heimlich zu. Sie bewunderte den Reichtum ringsum und verwünschte betrübt ihren früheren Stolz.

Plötzlich trat der Königssohn auf sie zu, prächtig in Samt und Seide gekleidet. Er sah die schöne Frau in der Tür stehen und griff nach ihrer Hand, um mit ihr zu tanzen. Die Prinzessin erkannte König Drosselbart wieder, den sie einst verschmäht hatte. Sie sträubte sich, doch der König zog sie in den Festsaal. Dabei zerriss das Band an ihrem Kleid und das Essen aus den Töpfchen bekleckerte sie von oben bis unten.

Alle lachten und spotteten, als die Königstochter aus dem Saal floh. Doch auf der Treppe holte König Drosselbart sie ein und sagte: »Fürchte dich nicht, meine Liebste. Hast du es denn noch nicht gemerkt? Der Spielmann und ich sind dieselbe Person. Und auch der Ritter, der dein Geschirr kaputt gemacht hat, bin ich gewesen. Ich habe mich geärgert, dass du mich so verspottet hast, und wollte dich für deinen Hochmut bestrafen.«

Die Königstochter weinte und entschuldigte sich, doch König Drosselbart sagte: »Jetzt ist alles gut. Lass uns noch einmal richtig Hochzeit feiern!«

In prächtigen Gewändern heiratete die Königstochter nun noch einmal König Drosselbart. Auch ihr Vater und sein ganzer Hofstaat kamen zu dem ausgelassenen Fest und wünschten ihr alles Gute. Von nun an lebten die beiden zufrieden und glücklich bis ans Ende ihrer Tage.

Schneewittchen

Es war einmal mitten im Winter und die Schneeflocken fielen wie Federn vom Himmel herab, da saß eine Königin am Fenster und nähte. Während sie so nähte und dabei draußen die weiße Landschaft betrachtete, stach sie sich mit der Nadel in den Finger. Drei Blutstropfen fielen in den Schnee. Und weil das Rot auf dem Weiß so schön aussah, dachte die Königin: »Ich wünsche mir ein Kind, so weiß wie Schnee, so rot wie Blut und so schwarz wie das Ebenholz des Fensterrahmens.«

Einige Zeit danach brachte sie eine Tochter zur Welt und alle ihre Wünsche gingen in Erfüllung. Das Mädchen hatte Haut, so weiß wie Schnee, Lippen, so rot wie Blut und Haar, so schwarz wie Ebenholz, und wurde deshalb liebevoll Schneewittchen genannt.

Kurz nach der Geburt starb die Königin, und als ein Jahr vergangen war, heiratete der König eine andere Frau.

Die war sehr schön, aber auch ebenso böse.

Regelmäßig trat die Königin vor ihren Zauberspiegel und sagte: »Spieglein, Spieglein an der Wand, wer ist die Schönste im ganzen Land?«

Darauf antwortete der Spiegel: »Frau Königin, Ihr seid die Schönste im Land.«

Mit dieser Antwort war die Königin zufrieden, denn der Spiegel sprach immer die Wahrheit.

Schneewittchen aber wuchs heran und wurde immer schöner.

Eines Tages befragte die Königin wieder ihren Spiegel: »Spieglein, Spieglein an der Wand, wer ist die Schönste im ganzen Land?«

Daraufhin antwortete der Spiegel: »Frau Königin, Ihr seid die Schönste hier, aber Schneewittchen ist tausendmal schöner als Ihr.«

Da erschrak die Königin und wurde gelb und grün vor Neid. Von diesem Moment an hasste sie Schneewittchen. So sehr, dass Schneewittchens Schönheit sie Tag und Nacht quälte.

Eines Tages rief sie den Jäger zu sich und befahl: »Bring das Kind hinaus in den Wald. Ich will es nie wieder sehen.«

Der Jäger gehorchte und führte Schneewittchen in den Wald. Doch als das Mädchen vor ihm stand, begann es zu weinen und rief: »Ach bitte, lieber Jäger, lass mich leben. Ich will auch niemals wieder zurückkommen.«

Der Jäger bekam Mitleid und ließ Schneewittchen laufen. Den ganzen Tag streifte das Mädchen mutterseelenallein durch den Wald. Doch als es Abend wurde, entdeckte es ein Häuschen.

Darin war alles klein, aber sauber. Auf einem Tisch standen sieben Teller-chen, sieben Löffelchen, sieben Messerchen, sieben Gäbelchen und sieben Becherchen.

An der Wand waren sieben Bettchen nebeneinander aufgestellt. Schnee-wittchen war hungrig und durstig. Sie aß von jedem Tellerchen ein wenig Gemüse und Brot und trank aus jedem Becher einen Tropfen Wein. Dann probierte sie ein Bett nach dem anderen aus, legte sich schließlich in das siebte Bettchen und schlief ein.

Als es dunkel geworden war, kamen die sieben Zwerge von der Arbeit nach Hause. Sie bemerkten sofort, dass jemand in ihren Sachen gestöbert hatte.

Der erste sprach: »Wer hat auf meinem Stühlchen gesessen?«

Der zweite: »Wer hat von meinem Tellerchen gegessen?«

Der dritte: »Wer hat von meinem Brötchen genommen?«

Der vierte: »Wer hat von meinem Gemüse gegessen?«

Der fünfte: »Wer hat mit meinem Gäbelchen gestochen?«

Der sechste: »Wer hat mit meinem Messerchen geschnitten?«

Der siebte: »Wer hat aus meinem Becherchen getrunken?«

Dann entdeckten sie Schneewittchen und riefen voller Bewunderung: »Was für ein schönes Kind!«

Am Morgen erzählte Schneewittchen den Zwergen, was geschehen war.

Die Zwerge sagten: »Wenn du dich um unseren Haushalt kümmern, kochen, die Betten machen, waschen, nähen und alles ordentlich und sauber halten willst, kannst du bei uns bleiben und es soll dir an nichts fehlen.«

»Von Herzen gern«, willigte Schneewittchen ein.

Und von da an kümmerte sie sich um den Haushalt, während die Zwerge in den Bergen nach Erz und Gold suchten.

Da Schneewittchen den ganzen Tag allein war, warnten die Zwerge sie: »Hüte dich vor deiner Stiefmutter. Sie wird bald wissen, dass du hier bist. Lass ja niemanden herein.«

In der Zwischenzeit trat die Königin vor ihren Zauberspiegel und befragte ihn erneut: »Spieglein, Spieglein an der Wand, wer ist die Schönste im ganzen Land?«

Da antwortete der Spiegel: »Frau Königin, Ihr seid die Schönste hier, aber Schneewittchen über den Bergen bei den sieben Zwergen ist noch tausendmal schöner als Ihr.«

Die Königin erschrak und wusste nun, dass der Jäger sie betrogen hatte und Schneewittchen noch am Leben war.

Sie verkleidete sich als alte Krämerin und wanderte über die sieben Berge zu den sieben Zwergen.

Als sie das Häuschen der Zwerge erreicht hatte, klopfte sie an die Tür und rief: »Schöne Ware zu verkaufen! Wer möchte schöne Bänder?«

Schneewittchen guckte aus dem Fenster und sagte: »Guten Tag, liebe Frau, was habt Ihr zu verkaufen?«

»Wunderbare Schnürriemen in allen Farben«, antwortete die Königin. Sie holte ein Band hervor, das aus bunter Seide geflochten war, und reichte es dem Mädchen.

»Diese ehrliche Frau kann ich hereinlassen«, dachte Schneewittchen, öffnete die Tür und kaufte sich den hübschen Schnürriemen.

»Komm, Kind«, sprach die Alte, »ich helfe dir beim Schnüren. Dann siehst du sofort, wie gut er dir steht.«

Schneewittchen hatte keine Angst und ließ sich mit dem neuen Band schnüren. Doch die Alte zog es so fest, dass Schneewittchen der Atem stockte und sie auf der Stelle umfiel.

»Nun bist du die Schönste gewesen«, sprach die Königin zufrieden und eilte hinaus.

Am Abend kamen die sieben Zwerge nach Hause und erschraken, als sie Schneewittchen wie tot am Boden liegen sahen.

Sie schnitten den Schnürriemen auseinander und Schneewittchen begann wieder zu atmen. Als die Zwerge hörten, was geschehen war, sagten sie: »Die alte Krämersfrau war niemand anderes als die böse Königin. Hüte dich und lass keinen Menschen herein, wenn wir nicht bei dir sind.«

Wieder zu Hause, eilte die Königin sogleich zum Spiegel und fragte: »Spieglein, Spieglein an der Wand, wer ist die Schönste im ganzen Land?«

Da antwortete der Spiegel wie zuvor: »Frau Königin, Ihr seid die Schönste hier, aber Schneewittchen über den Bergen bei den sieben Zwergen ist noch tausendmal schöner als Ihr.«

Die Königin erschrak und schnaubte vor Zorn. Diesmal sollte Schneewittchen ihr nicht entkommen! Sie verhexte einen Kamm und verkleidete sich als altes Weib.

Dann ging sie über die sieben Berge zu den sieben Zwergen und klopfte an Schneewittchens Tür.

»Ich biete gute Waren an!«, rief die alte Frau.

Schneewittchen schaute aus dem Fenster und sagte: »Geht nur weiter, ich darf niemanden hereinlassen.«

»Aber anschauen darfst du dir meine Waren doch«, widersprach die Alte, zog den giftigen Kamm heraus und hielt ihn in die Höhe.

Der Kamm gefiel Schneewittchen so gut, dass sie beschloss, ihn zu kaufen.

»Vorher will ich dich kämmen«, sagte die Alte.

Schneewittchen ließ sie sorglos gewähren, doch kaum steckte der Kamm in ihrem Haar, wirkte das Gift darin und Schneewittchen fiel besinnungslos zu Boden.

Bald darauf kamen die Zwerge nach Hause. Sie sahen Schneewittchen am Boden liegen und hatten sofort die Stiefmutter im Verdacht.

Kaum war der giftige Kamm aus dem Haar gezogen, kam Schneewittchen wieder zu sich und erzählte, was geschehen war.

Wieder warnten die Zwerge sie, niemanden ins Haus zu lassen.

Die Königin befragte auch diesmal ihren Zauberspiegel: »Spieglein, Spieglein an der Wand, wer ist die Schönste im ganzen Land?«

Da antwortete er wie vorher: »Frau Königin, Ihr seid die Schönste hier, aber Schneewittchen über den Bergen bei den sieben Zwergen ist noch tausendmal schöner als Ihr.«

Außer sich vor Zorn rief die Königin: »Schneewittchen soll sterben.«

Sie zog sich in eine abgeschiedene Kammer zurück und vergiftete einen

Apfel. Kurz darauf wanderte die Königin als Bauersfrau verkleidet erneut über die sieben Berge zu den sieben Zwergen.

Sie klopfte an Schneewittchens Tür und bot ihr frische Äpfel an. Doch Schneewittchen sagte: »Ich darf keinen Menschen hereinlassen, die sieben Zwerge haben es mir verboten.«

»In Ordnung«, antwortete die Bäuerin, »meine Äpfel werde ich schon woanders los. Hier, einen will ich dir schenken.«

»Nein«, entgegnete Schneewittchen, »ich darf nichts annehmen.«

»Fürchtest du dich vor Gift?«, fragte die Alte. »Dann will ich dich beruhigen. Siehst du, ich schneide den Apfel in zwei Hälften: die rote Hälfte bekommst du, die weiße esse ich.«

Doch nur die rote Hälfte des Apfels war vergiftet. Kaum hatte Schneewittchen einen Bissen davon probiert, fiel sie tot zu Boden.

Die Königin lachte und sprach: »Weiß wie Schnee, rot wie Blut, schwarz wie Ebenholz! Diesmal können dich die Zwerge nicht retten.«

Und als sie daheim den Spiegel befragte: »Spieglein, Spieglein an der Wand, wer ist die Schönste im ganzen Land?«, so antwortete er endlich: »Frau Königin, Ihr seid die Schönste im Land.«

Die Zwerge versuchten am Abend vergeblich, Schneewittchen wieder zum Leben zu erwecken. Nachdem sie das schöne Mädchen lange beweint hatten, legten sie Schneewittchen in einen durchsichtigen Sarg aus Glas. Sie schrieben mit goldenen Buchstaben ihren Namen darauf und stellten den Sarg auf einen Berg.

Für lange, lange Zeit lag Schneewittchen in dem Sarg. Doch eines Tages ritt ein Königssohn durch den Wald und übernachtete im Zwergenhaus.

Er schaute zum Berg hinauf und bemerkte den Sarg mit dem schönen Mädchen darin. Da erzählten die Zwerge ihm Schneewittchens Geschichte.

Daraufhin sagte der Prinz: »Überlasst mir den Sarg. Ich gebe euch alles, was ihr wollt.«

»Nicht für alles Gold der Welt!«, antworteten die Zwerge.

»Dann schenkt ihn mir«, bettelte der Prinz, »ich kann nicht leben, ohne Schneewittchen jeden Tag zu sehen.«

Da bekamen die Zwerge Mitleid mit dem Königssohn und gaben ihm die Erlaubnis, Schneewittchen mitzunehmen.

Als seine Diener den gläsernen Sarg davontrugen, stolperte einer von ihnen über eine Wurzel. Durch den Ruck löste sich das vergiftete Apfelstück, das Schneewittchen noch im Hals steckte, und sie spuckte es im hohen Bogen aus. Dann öffnete sie die Augen und fragte verwundert: »Wo bin ich?« Der Königssohn nahm ihre Hand und erzählte, was geschehen war.

»Willst du meine Frau werden?«, fragte er dann.

Schneewittchen willigte ein und begleitete ihn auf sein Schloss. Schon bald sollte die Hochzeit der beiden gefeiert werden.

Zu dem prächtigen Fest wurde auch Schneewittchens böse Stiefmutter eingeladen. Nachdem sie sich angekleidet hatte, trat sie vor den Zauberspiegel und sprach: »Spieglein, Spieglein an der Wand, wer ist die Schönste im ganzen Land?«

Der Spiegel antwortete: »Frau Königin, Ihr seid die Schönste hier, aber die junge Königin ist tausendmal schöner als Ihr.«

Die Stiefmutter fluchte und reiste widerwillig zum Hochzeitsfest, wo sie für ihre Bosheit bestraft wurde.

Rumpelstilzchen

Es war einmal ein armer Müller, der hatte eine schöne Tochter. Eines Tages begegnete er dem König und prahlte: »Meine Tochter kann Stroh zu Gold spinnen.«

»Das gefällt mir«, meinte der König. »Bring deine Tochter morgen zum Schloss, dann stelle ich sie auf die Probe und finde heraus, ob es stimmt, was du behauptest.«

Am nächsten Tag führte der König die Müllerstochter in eine Kammer voller Stroh. Er wies auf ein Spinnrad und befahl: »Mach dich an die Arbeit. Wenn du dieses Stroh bis morgen früh nicht zu Gold gesponnen hast, musst du sterben.«

Daraufhin verriegelte er die Kammer und ließ das Mädchen allein zurück.

Die arme Müllerstochter versuchte, das Stroh zu Gold zu spinnen, doch es gelang ihr nicht. Je später es wurde, desto mehr bekam sie es mit der Angst zu tun. Schließlich fing sie an zu weinen.

Doch plötzlich öffnete sich die Tür und ein kleines Männlein trat herein. »Guten Abend, Jungfer Müllerin, warum weinst du so?«, fragte das Männchen.

»Ach«, antwortete das Mädchen, »ich muss Stroh zu Gold spinnen und weiß nicht, wie ich es machen soll.«

»Was gibst du mir, wenn ich dir das Stroh zu Gold spinne?«

»Mein Halsband«, sagte das Mädchen.

Das Männchen nahm das Halsband, setzte sich vor das Spinnrad und – schnurr, schnurr, schnurr – dreimal gezogen, war die Spule voll. Dann

steckte es eine andere auf und – schnurr, schnurr, schnurr – dreimal gezogen, war auch die zweite Spule voll. So ging es weiter bis zum Morgen. Dann war alles Stroh versponnen und alle Spulen waren voller Gold.

Bei Sonnenaufgang kam der König in die Kammer und freute sich über das Gold. Doch habgierig, wie er war, ließ er die Müllerstochter am nächsten Abend in eine noch größere Kammer bringen. Dort sollte das Mädchen einen ganzen Berg Stroh zu Gold spinnen.

Die Müllerstochter weinte, doch wieder erschien das Männchen und fragte: »Was gibst du mir, wenn ich dir das Stroh zu Gold spinne?«

»Meinen Ring vom Finger«, antwortete das Mädchen.

Das Männchen nahm den Ring, fing wieder an, mit dem Spinnrad zu schnurren, und hatte bis zum Morgen alles Stroh zu Gold gesponnen.

Der König freute sich über das Gold, war aber immer noch habgierig. Deshalb ließ er die Müllerstochter in eine noch größere Kammer voll Stroh bringen und sprach: »Das musst du in dieser Nacht zu Gold spinnen. Gelingt dir das, wirst du meine Gemahlin werden.«

Als das Mädchen allein war, kam das Männlein zum dritten Mal wieder. »Was gibst du mir, wenn ich dir auch diesmal das Stroh spinne?«

»Ich habe nichts mehr, was ich dir geben könnte«, antwortete das Mädchen.

»Dann versprich mir, wenn du Königin wirst, dein erstes Kind.«

»Wer weiß, was noch alles passiert?«, dachte die Müllerstochter. Da ihr nichts Besseres einfiel, versprach sie dem Männchen ihr erstes Kind.

Ein drittes Mal spann das Männchen das Stroh in der Kammer zu Gold. Und als am Morgen der König kam und alles so war, wie er es sich gewünscht hatte, heiratete er die schöne Müllerstochter.

Ein Jahr verging und die Königin brachte ein Kind zur Welt. An das Männchen hatte sie gar nicht mehr gedacht. Doch als das Kind gerade schlief, trat es plötzlich in ihre Kammer und verlangte: »Jetzt gib mir, was du versprochen hast.«

Die Königin erschrak und bot dem Männchen alle Reichtümer des Königreichs an, wenn es ihr das Kind lassen wollte. »Nein, etwas Lebendiges ist mir lieber als alle Schätze der Welt«, entgegnete das Männchen. Da fing die Königin so sehr an, zu jammern und zu weinen, dass das Männchen Mitleid mit ihr bekam.

»Drei Tage will ich dir Zeit lassen«, sprach es, »wenn du bis dahin meinen Namen erraten hast, dann darfst du dein Kind behalten.«

Die ganze Nacht grübelte die Königin über alle Namen nach, die sie jemals gehört hatte. Und sie schickte einen Boten durch das Land, der weitere Namen herausfinden sollte.

Am Abend sagte sie alle Namen auf, doch das Männchen schüttelte den Kopf. »So heiß ich nicht.«

Am zweiten Tag ließ sie in der Nachbarschaft herumfragen, wie die Leute da genannt wurden.

Und wieder trug sie dem Männchen die ungewöhnlichsten und seltsamsten Namen vor: »Heißt du vielleicht Rippenbiest oder Hammelswade oder Schnürbein?«

Aber es antwortete immer: »So heiß ich nicht.«

Am dritten Tag kam der Bote zurück und erzählte eine seltsame Geschichte: »Neue Namen habe ich nicht finden können. Aber als ich an einem Berg um die Ecke bog, wo Fuchs und Hase sich Gute Nacht sagen, da sah ich ein kleines Haus. Vor dem Haus brannte ein Feuer und um das Feuer sprang ein lächerliches Männchen, hüpfte auf einem Bein und schrie: »Heute back ich, morgen brau ich, übermorgen hol ich der Königin ihr Kind. Ach, wie gut, dass niemand weiß, dass ich Rumpelstilzchen heiß!«

Die Königin war froh und überglücklich – endlich kannte sie die richtige Antwort.

Am dritten Abend betrat das Männchen ihr Gemach und fragte: »Nun, Frau Königin, wie heiße ich?«

»Heißt du Kunz?«

»Nein.«

»Heißt du Heinz?«

»Nein.«

»Heißt du etwa Rumpelstilzchen?«

»Das hat dir der Teufel gesagt, das hat dir der Teufel gesagt«, schrie das Männchen, stampfte zornig mit dem Fuß auf und riss sich selbst mitten entzwei.

Die goldene Gans

Es war einmal ein Mann, der hatte drei Söhne. Die beiden älteren waren klug und geschickt, aber der jüngste war sehr tollpatschig. Deswegen wurde er von allen verspottet und »Dummling« genannt.

Eines Tages ging der älteste Sohn in den Wald, um Holz zu schlagen. Seine Mutter gab ihm Eierkuchen und eine Flasche Wein mit.

Im Wald begegnete ihm ein altes graues Männlein. Es wünschte ihm einen guten Tag und bat: »Gib mir doch ein Stück von dem Kuchen aus deiner Tasche und lass mich einen Schluck von deinem Wein trinken, ich bin so hungrig und durstig.«

Der kluge Sohn antwortete: »Gebe ich dir meinen Kuchen und meinen Wein, so hab ich selbst nichts mehr. Also verschwinde.«

Er ließ das Männlein stehen und ging weiter, um Holz zu hauen. Dabei schlug er sich die Axt in den Arm und so musste er heimgehen und sich verbinden lassen. Das war die Strafe des Männleins, weil der Sohn nicht hatte teilen wollen.

Nun ging der zweite Sohn in den Wald. Auch ihm gab die Mutter Eierkuchen und eine Flasche Wein mit.

Als er gerade seinen Proviant essen wollte, begegnete ihm das alte graue Männlein und bat um Wein und Kuchen. Doch der Sohn entgegnete: »Was ich dir gebe, das fehlt mir später, also verschwinde.«

Er ließ das Männlein stehen und ging fort. Die Strafe blieb nicht aus: Nachdem er die Axt einige Male in den Baum geschlagen hatte, rutschte

er ab und fuhr sich damit ins Bein. Seine Verletzung war so schwer, dass er nach Hause getragen werden musste.

Da sagte der Dummling: »Vater, lass mich hinausgehen und Holz hauen.«

»Deine Brüder haben sich dabei verletzt. Warum sollte es dann ausgerechnet dir gelingen?«, erwiderte der Vater.

Der Dummling bat so lange, bis der Vater endlich sagte: »Geh nur, durch Schaden wirst du klug.«

Die Mutter gab ihm ein altes Stück Brot und dazu eine kleine Flasche saures Bier.

Als der Dummling in den Wald kam, begegnete auch ihm das alte graue Männlein, grüßte ihn und sprach: »Gib mir ein Stück von deinem Kuchen und einen Schluck aus deiner Flasche. Ich bin so hungrig und durstig.«

»Ich habe aber nur trockenes Brot und saures Bier«, antwortete der Dummling, »wenn dir das reicht, dann können wir gern gemeinsam essen.«

Sie setzten sich, und als der Dummling sein altes Brot aus der Tasche holte, war daraus ein leckerer Eierkuchen geworden und aus dem sauren Bier ein guter Wein.

Sie aßen und tranken, dann sprach das Männlein: »Weil du ein gutes Herz hast und so gern teilst, will ich dir Glück bringen. Dort steht ein alter Baum. Fälle ihn, dann wirst du in den Wurzeln etwas finden.«

Das Männlein verabschiedete sich und der Dummling fällte den Baum. Unter den Wurzeln saß eine Gans mit goldenen Federn.

Der Dummling nahm die Gans und ging zu einem Wirtshaus, um dort zu übernachten.

Der Wirt hatte drei Töchter, die neugierig fragten, was es mit der goldenen Gans auf sich habe. Die älteste wollte eine goldene Feder haben und zog am Gefieder der Gans, sobald der Dummling das Zimmer verlassen hatte. Doch dabei blieb sie mit den Fingern an der Gans kleben. Ebenso erging es der zweiten Wirtstochter, und als die dritte Tochter kam, riefen ihre Schwestern: »Bleib weg, um Himmels willen, bleib weg.« Aber da war es schon zu

spät. Denn sobald sie ihre Schwestern am Arm berührt hatte, kam auch sie nicht mehr los.

Nun klebten alle drei aneinander und mussten die Nacht bei der Gans verbringen.

Am nächsten Morgen wanderte der Dummling mit der Gans unterm Arm weiter, ohne sich um die drei Schwestern zu kümmern.

Unterwegs begegnete ihnen ein Pfarrer. Der schimpfte mit den Mädchen und fragte: »Was lauft ihr dem Burschen hinterher?«

Verärgert fasste er die Jüngste an der Hand, um sie zurückzuziehen. Doch sogleich blieb er kleben und musste mitlaufen. Da kam der Küster herbeigerannt, fasste den Pfarrer an und erinnerte ihn an eine Taufe. Auch er blieb kleben und musste mitgehen.

Nun trabten fünf Leute hinter dem Dummling her, da kamen zwei Bauern vom Feld. Der Pfarrer rief ihnen zu, sie sollten ihn befreien, doch sobald sie den Küster berührt hatten, mussten auch sie mitlaufen.

Schließlich kam der Dummling in eine Stadt. Dort regierte ein König, dessen Tochter immer griesgrämig war und niemals lachte. Deswegen hatte der König beschlossen, dass derjenige sie heiraten durfte, der sie zum Lachen brachte.

Der Dummling ging mit der Gans und den sieben Leuten zur Königstochter. Sobald sie das Gefolge sah, prustete sie los und konnte gar nicht mehr aufhören zu lachen.

Nun wollte der Dummling das Mädchen heiraten, doch dem König gefiel das plötzlich nicht mehr. Denn er wollte seine geliebte Tochter keinem einfältigen Tollpatsch zur Frau geben. Er hatte lauter Einwände und sagte schließlich: »Bring mir einen Mann, der einen Keller voller Wein austrinken kann. Dann darfst du meine Tochter heiraten.«

Der Dummling kehrte zurück in den Wald, in dem das graue Männlein lebte. Dort, wo er den Baum gefällt hatte, saß nun ein Mann, der ganz betrübt aussah.

»Was ist mit dir?«, fragte der Dummling.

»Ich habe großen Durst und kann ihn nicht löschen. Kaltes Wasser vertrage ich nicht. Nun habe ich ein Fass Wein ausgeleert, aber was ist ein Tropfen auf einem heißen Stein?«

»Ich kann dir helfen«, sagte der Dummling, »komm mit, dann bekommst du genug zu trinken.« Er führte den Mann in den Keller des Königs. Der Mann stürzte sich auf die großen Fässer und trank sie alle leer.

Wieder verlangte der Dummling seine Braut, doch auch diesmal wollte der König sein Versprechen nicht halten.

»Bring mir einen Mann, der einen Berg Brot aufessen kann. Dann darfst du meine Tochter heiraten.«

Der Dummling lief in den Wald und traf am Platz des gefällten Baums einen Mann, der verdrossen dreinschaute.

»Was ist mit dir?«, fragte der Dummling.

»Ich habe einen ganzen Backofen voll Brot gegessen, aber was hilft das, wenn man so großen Hunger hat wie ich? Mein Magen bleibt leer und ich bin immer noch hungrig.«

»Komm mit mir, du sollst dich satt essen«, sagte der Dummling froh und brachte den Mann an den Königshof. Dort hatte der König inzwischen einen Berg Brot backen lassen.

Der Mann fing genüsslich an zu essen und nach einem Tag waren alle Brote verschwunden.

Wieder forderte der Dummling die Königstochter zur Frau. Doch auch diesmal wollte der König nicht einwilligen.

»Bring mir ein Schiff, das zu Land und auf dem Wasser fahren kann. Dann darfst du meine Tochter heiraten.«

Erneut ging der Dummling geradeswegs in den Wald. Da saß das alte graue Männlein, dem er seinen Kuchen gegeben hatte, und sagte: »Ich habe für dich getrunken und gegessen, ich will dir auch das Schiff geben. Das alles mache ich, weil du gut zu mir gewesen bist.«

Er gab dem Dummling ein Schiff, das zu Land und zu Wasser fuhr, und als der König dieses seltsame Gefährt sah, begriff er, dass der Dummling eigentlich gar nicht so dumm war. Jetzt konnte er ihm seine Tochter nicht länger vorenthalten und es wurde Hochzeit gefeiert. Nachdem der König gestorben war, erbte der Dummling das Reich und lebte lange Zeit vergnügt mit seiner Gemahlin.

Jorinde und Joringel

Es war einmal ein altes Schloss, das stand mitten in einem großen, dichten Wald. Darin wohnte eine böse Zauberin. Am Tag verwandelte sie sich in eine Katze oder eine Nachteule. Sobald es Abend war, wurde sie wieder ein Mensch.

Kam jemand dem Schloss näher als hundert Schritte, blieb er wie angewurzelt stehen und konnte sich nicht von der Stelle rühren, bis die Alte den Zauber löste.

Sobald jedoch ein unschuldiges Mädchen in ihren Bann geriet, verwandelte die Zauberin das Mädchen in einen Vogel und sperrte ihn in einen Korb. Den Korb trug sie in ihr Schloss und brachte ihn in ein Gemach, wo bereits siebentausend dieser Vögel eingesperrt waren.

In der Nähe des Schlosses lebte ein Mädchen mit Namen Jorinde, das wollte einen schönen Jüngling namens Joringel heiraten. Die beiden verstanden sich gut und trafen sich, sooft sie konnten. Meist gingen sie im Wald spazieren und unterhielten sich.

»Sei vorsichtig«, warnte Joringel seine Liebste, als sie eines Tages wieder im Wald waren. »Pass auf, dass du nicht zu nahe ans Schloss der Zauberin gerätst.«

Es war ein schöner Abend, die Sonne schien hell zwischen den Bäumen hindurch und Turteltauben sangen in den alten Buchen.

Immer tiefer wanderten Jorinde und Joringel in den Wald, bis sie schließlich den Weg verloren.

Die Sonne ging langsam unter. Halb stand sie über dem Berg und halb war sie schon verschwunden.

Da entdeckte Joringel durch das Gebüsch die alte Schlossmauer und erschrak furchtbar.

Jorinde weinte, weil sie wusste, was geschehen würde. Aber plötzlich hörte sie auf und sagte: »Mein Vöglein mit dem Ringlein rot singt Leide, Leide, Leide; es singt dem Täubelein seinen Tod, singt Leide, Lei – zicküth, zicküth, zicküth.«

Joringel wollte Jorinde trösten.

Doch da war sie bereits in eine Nachtigall verwandelt worden, die sang: »Zicküth, zicküth.«

Eine Nachteule mit glühenden Augen flog dreimal um sie herum und schrie dabei: »Schu, hu, hu, hu.«

Joringel rührte sich nicht. Wie ein Stein stand er da, konnte nicht weinen, nicht reden und auch Hände und Füße nicht bewegen.

Nun versank die Sonne ganz und die Eule verschwand in einem Strauch. Kurz darauf kam eine alte, krumme Frau hervor. Gelb im Gesicht, mager, mit roten Augen und krummer Nase, deren Spitze fast an ihr Kinn reichte. Sie murmelte etwas, fing die Nachtigall ein und trug sie fort.

Joringel konnte immer noch nicht sprechen oder sich bewegen. Hilflos musste er zusehen, wie die Nachtigall verschwand.

Nach einiger Zeit kam die Zauberin zurück und löste mit dumpfer Stimme den magischen Bann.

Joringel fiel vor der Alten auf die Knie und bat, sie möge ihm Jorinde wiedergeben.

»Nein«, sagte die Zauberin. »Deine Jorinde wirst du niemals wiedersehen.« Und mit diesen Worten verschwand sie.

Joringel rief, weinte und jammerte, doch alles Klagen war umsonst. Jorinde kehrte nicht zurück.

Schließlich ging er fort, bis er in ein fremdes Dorf kam. Dort hütete er für lange Zeit die Schafe. Aus der Ferne wanderte er oft ums Schloss herum, doch achtete er darauf, diesem nicht zu nahe zu kommen.

Eines Nachts träumte er von einer blutroten Blume, in deren Mitte sich eine schöne große Perle befand. Im Traum brach er die Blume ab, ging damit zum Schloss und alles, was er mit der Blume berührte, wurde frei. Joringel träumte, er hätte seine Jorinde zurückbekommen.

Als Joringel am nächsten Morgen erwachte, durchsuchte er Berge und Täler nach der geheimnisvollen Blume. Am neunten Tag entdeckte er sie in den frühen Morgenstunden.

In der Mitte der Blume befand sich ein Tautropfen, groß wie eine wunderschöne Perle.

Tag und Nacht lief Joringel und trug die Blume zum Schloss.

Als er sich diesem auf hundert Schritte näherte, erstarrte er nicht, sondern gelangte bis zum Tor.

Freudig berührte Joringel mit der Blume die Pforte, die sofort aufsprang. Er ging in den Hof und lauschte nach Vogelstimmen. Endlich hörte er, wo die Vögel zwitscherten, und lief schnell zu einem großen Saal.

Dort stand die Zauberin und fütterte ihre Vögel in den siebentausend Körben.

Als sie Joringel sah, wurde sie böse und wollte schon auf ihn losgehen. Doch sie kam nicht näher als bis auf zwei Schritte an ihn heran.

Joringel kümmerte sich nicht weiter um die Zauberin. Er lief zwischen den Körben umher und suchte Jorinde. Doch wie sollte er seine Liebste zwischen den vielen Hundert Nachtigallen finden?

Da bemerkte er, wie die Alte heimlich mit einem der Körbe zur Tür schlich. Eilig sprang Joringel ihr nach, berührte mit der Blume zuerst das Körbchen und dann die Zauberin, die sofort erstarrte.

Jorinde dagegen verwandelte sich wieder in das schöne Mädchen zurück, das sie zuvor gewesen war.

Nun befreite Joringel auch alle anderen Mädchen. Dann ging er mit Jorinde nach Hause und sie lebten noch lange und vergnügt zusammen.

Hans im Glück

Hans hatte seinem Herrn sieben Jahre lang gedient, dann bat er ihn: »Meine Zeit ist nun um. Bitte gib mir meinen Lohn, ich möchte wieder heim zu meiner Mutter.«

»Du hast mir treu und ehrlich gedient«, sagte sein Herr. »Wie der Dienst war, so soll auch der Lohn sein.«

Er gab Hans ein Stück Gold, das so groß war wie sein Kopf.

Hans zog ein Tuch aus der Tasche, wickelte das Gold darin ein und warf es sich über die Schulter. Dann setzte er seinen Hut auf und machte sich auf den Weg nach Hause.

Unterwegs begegnete ihm ein Reiter auf einem temperamentvollen Pferd.

»Ach«, sagte Hans, »Reiten ist doch wirklich wundervoll. Man sitzt wie auf einem Stuhl, stolpert nicht über die Steine und legt bequem weite Strecken zurück.«

Der Reiter hatte seine Worte gehört, hielt an und rief: »Sag mal, Hans, warum läufst du denn dann zu Fuß?«

»Ich muss ja wohl«, antwortete Hans. »Ich trage so schwer an meinem Klumpen Gold, dass ich kaum den Kopf gerade halten kann. Und außerdem drückt er mir auf die Schulter.«

»Weißt du was?«, schlug der Reiter vor. »Wir tauschen: Ich gebe dir mein Pferd und du gibst mir deinen Klumpen Gold.«

»Von Herzen gern«, erwiderte Hans, »aber ich warne dich, es ist eine elende Schlepperei.«

Der Reiter stieg ab, nahm das Gold und half Hans aufs Pferd. Glücklich ritt Hans drauflos. Nach einer Weile wollte er schneller vorankommen und schnalzte mit der Zunge, wie es ihm der Reiter zuvor gezeigt hatte.

Das Pferd lief schneller, doch Hans konnte sich nicht halten und landete in einem Graben.

Hätte ein Bauer das Pferd nicht aufgehalten, wäre es wohl durchgegangen.

Hans rappelte sich auf und sagte: »Auf einem Pferd wie diesem zu reiten ist überhaupt kein Spaß! Da lobe ich mir Eure Kuh, die so gemächlich neben Euch hergeht. Und dazu bekommt man jeden Tag Milch, Butter und Käse. Wie gern hätte ich so eine Kuh!«

»Nun«, entgegnete der Bauer, »wenn ich dir damit helfen kann, tausche ich gern die Kuh gegen das Pferd.«

Kaum hatte Hans eingewilligt, schwang sich der Bauer aufs Pferd und galoppierte davon. Hans trieb seine Kuh vor sich her und freute sich über den guten Handel.

Nach einer Weile kam er zu einem Wirtshaus. Dort machte er halt und verspeiste alles, was er an Proviant dabeihatte.

Anschließend wanderte er weiter, bis ihm über Mittag schrecklich heiß wurde. Hans beschloss, seine Kuh zu melken und sich an der Milch zu erfrischen.

Er band die Kuh an einen dürren Baum. Doch sosehr er sich bemühte, das Tier gab keinen Tropfen Milch. Und weil er sich so ungeschickt anstellte, versetzte ihm die Kuh einen Schlag gegen den Kopf. Zum Glück kam in diesem Moment der Metzger vorbei, der auf einem Schubkarren ein junges Schwein beförderte.

»Was machst du denn da?«, rief der Metzger und half Hans auf die Füße. Der beschwerte sich über die Kuh, aber dann fiel ihm ein: »Wie praktisch

wäre es, wenn man ein Tier zum Schlachten hätte. Wie dein junges Schwein, das gäbe ordentlich Fleisch! Und was für leckere Würste!«

»Hör zu, Hans«, sagte der Metzger, »dir zuliebe will ich tauschen und du bekommst mein Schwein für die Kuh.«

»Gott lohne Euch Eure Freundschaft«, erwiderte Hans, übergab ihm die Kuh und griff nach dem Strick des Schweinchens.

Hans zog weiter und freute sich, dass alles nach seinen Wünschen verlief. Sobald etwas schiefging, wurde es doch gleich wiedergutgemacht.

Auf seiner Wanderung gesellte sich ein Gänsehirte zu ihm, der eine schöne weiße Gans unter dem Arm trug. Hans bewunderte das Tier. Das gäbe einen prächtigen Braten ab!

»Wirklich«, sagte Hans und wog die Gans mit einer Hand, »die hat ordentlich Gewicht, aber mein Schwein ist auch nicht zu verachten.«

Da sah sich der Hirte nach allen Seiten um und flüsterte: »Ich habe eben von einem Schweinediebstahl gehört. Kann sein, dass es genau dieses Schwein war. Sieh dich vor. Ich glaube, sie haben schon Leute ausgeschickt, um den Dieb zu suchen. Wenn sie dich mit dem Schwein erwischen, kommst du bestimmt in den Kerker.«

Da wurde Hans ganz ängstlich und er bat: »Ach, kannst du mir nicht helfen? Was soll ich denn jetzt tun?«

»Hm, ich gehe ein ziemliches Risiko ein«, brummte der Gänsehirte. »Aber helfen will ich dir trotzdem.« Er nahm den Strick mit dem Schwein und verschwand eilig, während Hans seinen Weg mit der Gans fortsetzte.

»Das war ein guter Tausch«, überlegte er. »Nun habe ich den Gänsebraten und anschließend mache ich mir aus den Federn ein weiches Kissen. Da wird auch meine Mutter sich freuen!«

Als Hans durch das letzte Dorf gekommen war, stand da ein Scherenschleifer mit seinem Karren, sein Rad schnurrte und er sang dazu: »Ich schleife die Schere und drehe geschwind und hänge mein Mäntelchen stets nach dem Wind.«

Hans blieb stehen und sah ihm eine Weile zu, bevor er den Scherenschleifer ansprach: »Euch geht's ja gut. Das Schleifen scheint Spaß zu machen.«

»Ja«, antwortete der Scherenschleifer, »das Handwerk ist Gold wert. Ein guter Schleifer verdient immer genug Geld. Aber wo habt Ihr die schöne Gans gekauft?«

»Die hab ich nicht gekauft, sondern für mein Schwein eingetauscht.«

»Und das Schwein?«

»Das hab ich für eine Kuh gekriegt.«

»Und die Kuh?«

»Die hab ich für ein Pferd bekommen.«

»Und das Pferd?«

»Dafür hab ich einen Klumpen Gold, so groß wie mein Kopf, gegeben.«

»Und das Gold?«

»Ach, das war mein Lohn für sieben Jahre Dienst.«

»Alle Achtung«, staunte der Schleifer. »Nun könnt Ihr auch noch reich werden, indem Ihr selbst Schleifer werdet. Hier ist ein Wetzstein. Der ist ein bisschen kaputt, aber ich will nur Eure Gans dafür. Einverstanden?«

»Keine Frage!«, antwortete Hans. »Dann bin ich der glücklichste Mensch der Welt. Als Schleifer habe ich immer genug Geld und brauche mir keine Sorgen mehr zu machen.«

Er gab dem Schleifer die Gans und nahm den Wetzstein in Empfang.

»Nun«, sagte der Schleifer und hob einen gewöhnlichen Feldstein auf. »Hier ist noch ein Stein dazu. Bewahrt beides gut auf.«

Mit leuchtenden Augen wanderte Hans weiter und freute sich über sein Glück. Doch nach einer Weile wurde er müde und hungrig und die Steine drückten so schwer!

»Ach, wenn ich sie doch nicht mehr schleppen müsste«, dachte Hans und schlich im Schneckentempo zum nächsten Brunnen.

Er legte das Gepäck ab und wollte gerade etwas trinken, da stieß er versehentlich gegen sein Bündel. Schon plumpsten beide Steine in die Tiefe. Hans sprang überglücklich auf und dankte Gott, dass er ihm geholfen und ihn von den Steinen befreit hatte.

»Ich bin der glücklichste Mensch auf der Welt«, rief Hans.

Mit leichtem Herzen und frei von aller Last sprang er nun fort, bis er daheim bei seiner Mutter war.

Der gestiefelte Kater

Es war einmal ein Müller, der hatte drei Söhne, seine Mühle, einen Esel und einen Kater.

Die Söhne mussten mahlen, der Esel das Getreide holen und der Kater die Mäuse fangen.

Als der Müller starb, teilten die drei Söhne das Erbe untereinander auf.

Der älteste bekam die Mühle. Der zweite den Esel. Der dritte bloß noch den Kater.

»Was für ein Pech«, sagte der jüngste Sohn traurig. »Mein ältester Bruder kann mahlen, der zweite auf einem Esel reiten. Aber was soll ich mit einem Kater anfangen? Vielleicht lasse ich mir aus seinem Fell einfach ein Paar Pelzhandschuhe machen, dann ärgere ich mich nicht mehr.«

»Hör mal«, fing der Kater an, der alles verstanden hatte, »du brauchst mich nicht zu töten, um ein Paar schlechte Handschuhe aus meinem Pelz zu nähen. Lass mir ein Paar Stiefel machen, dann kann ich unter die Leute gehen und dir helfen.«

Der Müllerssohn wunderte sich darüber, dass der Kater mit ihm sprach, aber ließ dennoch einen Schuster die Stiefel anfertigen.

Der Kater zog die Stiefel an, füllte einen Sack mit Korn, warf ihn sich über den Rücken und stolzierte auf zwei Beinen davon.

Zu dieser Zeit regierte ein König das Land, der für sein Leben gern Rebhühner aß. Der Wald war zwar voll von ihnen, doch kein Jäger konnte sie fangen, denn die Rebhühner waren viel zu scheu.

Der Kater wusste das und wollte es besser anstellen. Er öffnete den Sack, breitete das Korn aus und legte sich hinter eine Hecke auf die Lauer. Kurz darauf kamen die Rebhühner, pickten die Körner auf und spazierten dabei in den Sack.

Als der Sack voll war, verschloss ihn der Kater geschwind mit einem Strick und lief geradewegs zum Königsschloss.

Die Wache rief: »Halt! Wohin?«

»Zum König!«, antwortete der Kater.

»Bist du verrückt? Ein Kater will zum König?«

»Lass ihn nur gehen«, sagte ein anderer, »der König hat oft Langeweile, vielleicht freut er sich über die Gesellschaft des Katers.«

Als der Kater zum König kam, machte er eine tiefe Verbeugung und sagte: »Mein Herr, der Graf, lässt sich dem Herrn König empfehlen und schickt ihm diese Rebhühner«

Der König freute sich und erlaubte dem Kater, so viel Gold aus der Schatzkammer in seinen Sack zu packen, wie er nur tragen konnte.

»Bring das deinem Herrn«, sagte der König, »und danke ihm vielmals für sein Geschenk.«

Der arme Müllerssohn aber saß zu Hause am Fenster, stützte den Kopf in die Hände und schimpfte mit sich selbst. Sein letztes Geld war für die Stiefel des Katers draufgegangen. Was hatte er sich nur dabei gedacht?

In diesem Moment trat der Kater ein und schüttete das Gold vor dem Jüngsten aus.

»Da hast du etwas Gold vom König, der dich grüßen lässt und sich bei dir für die Rebhühner bedankt.«

Der Müller war froh über den Reichtum, ohne dass er recht begriff, wie es dazu gekommen war.

126

Der Kater erzählte ihm alles und sagte: »Du hast jetzt zwar Geld genug, aber dabei soll es nicht bleiben. Morgen ziehe ich meine Stiefel wieder an, dann sollst du noch reicher werden. Dem König habe ich nämlich gesagt, dass du ein Graf bist.«

Am nächsten Tag ging der Kater wieder auf die Jagd und übergab dem König anschließend die Rebhühner.

So ging es eine ganze Zeit und immer brachte der Kater Gold nach Hause.

Eines Tages stand der Kater in der Küche des Schlosses beim Herd und wärmte sich, als er den Kutscher laut fluchen hörte: »Eigentlich wollte ich ins Wirtshaus gehen und Karten spielen, doch jetzt soll ich plötzlich den König und seine Tochter um den See kutschieren.«

Da schlich der Kater schnell nach Hause und sagte zu seinem Herrn: »Wenn du ein Graf und reich werden willst, so komm mit mir zum See und bade darin.«

Der Müller wusste nicht, was er dazu sagen sollte, doch er folgte dem Kater, zog sich splitternackt aus und sprang ins Wasser. Der Kater nahm seine Kleider und versteckte sie. Kaum war er damit fertig, kam der König vorbeigefahren. Der Kater fing sofort an zu jammern: »Ach! Allergnädigster König! Mein Herr hat gerade im See gebadet, da ist ein Dieb gekommen und hat ihm seine Kleider gestohlen, die am Ufer lagen. Nun ist der Graf im Wasser und kann nicht heraus, aber wenn er sich noch länger darin aufhält, wird er sich erkälten und sterben.«

Als der König das hörte, ließ er die Kutsche anhalten. Einer seiner Leute musste zurück zum Schloss laufen und neue Kleider vom König selbst holen.

Der Müllerssohn zog die prächtigen Kleider an und durfte sich zum König in die Kutsche setzen. Der Prinzessin gefiel das sehr, denn der vorgebliche Graf war jung und schön.

Inzwischen war der Kater vorausgelaufen. Auf einer großen Wiese wendeten über hundert Leute das Heu.

»Wem gehört die Wiese, ihr Leute?«, fragte der Kater.

»Dem großen Zauberer.«

»Gleich wird der König vorbeifahren. Wenn er wissen will, wem die Wiese gehört, so antwortet: dem Grafen. Und wenn ihr das nicht tut, werdet ihr es bitter bereuen.«

Nun ging der Kater weiter. Auf einem riesigen Kornfeld standen mehr als zweihundert Leute und schnitten das Korn.

»Wem gehört das Korn, ihr Leute?«

»Dem Zauberer.«

»Gleich wird der König vorbeifahren. Wenn er wissen will, wem das Korn gehört, so antwortet: dem Grafen. Und wenn ihr das nicht tut, so werdet ihr es bitter bereuen.«

Schließlich kam der Kater in einen prächtigen Wald. Mehr als dreihundert Leute fällten dort Holz.

»Wem gehört der Wald, ihr Leute?«

»Dem Zauberer.«

»Gleich wird der König vorbeifahren. Wenn er wissen will, wem der Wald gehört, so antwortet: dem Grafen. Und wenn ihr das nicht tut, so werdet ihr es bitter bereuen.«

Der Kater kam bald zum Schloss des Zauberers und trat mutig vor diesen hin.

Der Zauberer sah ihn verächtlich an, dann fragte er, was er wolle. Der Kater verbeugte sich tief und sagte: »Ich habe gehört, dass du dich in jedes Tier verwandelst, egal ob Hund, Fuchs oder Wolf. Doch ich kann kaum glauben, dass du dich auch in einen Elefanten verwandeln kannst!«

Der Zauberer sagte stolz: »Das ist für mich eine Kleinigkeit«, und verwandelte sich augenblicklich in einen Elefanten.

»Das ist gut«, sagte der Kater anerkennend, »aber kannst du dich auch in einen Löwen verwandeln?«

»Das ist gar nichts«, sagte der Zauberer, dann stand er als Löwe vor dem gestiefelten Kater.

Der Kater tat erschrocken und rief: »Unglaublich! Kannst du dich nun auch in eine Maus verwandeln?«

»O ja, liebes Kätzchen, das kann ich auch«, sagte der Zauberer und lief als Maus im Zimmer herum.

Da sprang der Kater hinter der Maus her, fing sie mit einem Satz und fraß sie auf.

Der König war inzwischen mit dem Grafen und der Prinzessin weitergefahren und kam zu der großen Wiese.

»Wem gehört das Heu?«, fragte der König.

»Dem Herrn Grafen«, riefen alle, wie der Kater es ihnen befohlen hatte.

»Ein schönes Stück Land habt ihr da, Herr Graf«, sagte der König.

Danach kamen sie an das große Kornfeld.

Und der König fragte wieder: »Wem gehört das Korn, ihr Leute?«

»Dem Herrn Grafen«, sagten die Bauern im Chor.

»Also Herr Graf! Sie haben aber wirklich große, schöne Ländereien!«

Und als sie den Wald erreichten, fragte der König: »Wem gehört das Holz, ihr Leute?«

»Dem Herrn Grafen«, war wieder die einstimmige Antwort.

Der König wunderte sich noch mehr und sagte: »Ihr müsst ein reicher Mann sein, Herr Graf. Ich glaube nicht, dass ich einen so prächtigen Wald in meinem Besitz habe.«

Schließlich kamen sie zum Schloss des Zauberers. Der Kater begrüßte sie am Eingang und sagte: »Herr König, willkommen im Schloss meines Herrn.«

Sofort stieg der König aus und bestaunte das prächtige Schloss. Der neue Graf dagegen half der Prinzessin aus der Kutsche, die ihn und sein Schloss verliebt anlächelte.

Wenig später heiratete der Graf die Königstochter, und als der König eines Tages verstarb, wurde der Müllerssohn selbst König und der gestiefelte Kater sein erster Minister.

Allerleirauh

Es war einmal ein König, der hatte eine Frau mit goldenen Haaren. Sie war schöner als alle anderen Frauen auf der Welt. Eines Tages wurde sie sehr krank und fühlte, dass sie bald sterben würde. Da rief sie den König zu sich und sagte: »Wenn du nach meinem Tod wieder heiraten möchtest, dann nimm keine, die nicht ebenso schön ist wie ich. Auch goldene Haare soll sie haben.«

Der König gab sein Versprechen und wenig später starb seine Frau.

Lange Zeit war der König untröstlich und dachte nicht daran, wieder zu heiraten. Aber seine Untertanen verlangten nach einer Königin. Und so wurden Boten ausgeschickt, eine passende Braut zu suchen.

Niemand fand eine Frau, die so schön war wie die verstorbene Königin, und erst recht keine, die solche goldenen Haare hatte.

Doch der König hatte eine Tochter, die ebenso goldene Haare hatte wie ihre Mutter. Mit den Jahren wuchs sie zu einem schönen Mädchen heran. Eines Tages sah der König seine Tochter und wollte sie heiraten, denn sie glich seiner verstorbenen Frau aufs Haar.

Die Räte des Königs erschraken und riefen: »Gott hat verboten, dass ein Vater seine Tochter heiratet. Das bringt Unheil und stürzt das Königreich ins Verderben.«

Die Tochter erschrak noch mehr, als sie vom Wunsch des Königs hörte. Um ihn von seinem Vorhaben abzubringen, verlangte sie: »Ehe ich Euren Wunsch erfülle, muss ich drei Kleider haben. Eins soll so golden sein wie

die Sonne. Eins soll so silbern sein wie der Mond. Und eins soll so glänzend sein wie die Sterne. Dazu will ich einen Mantel, der aus tausend Tierfellen zusammengesetzt ist. Von jedem Tier aus dem Königreich muss ein Stück Haut verarbeitet werden.«

Die Königstochter glaubte, ihr Vater könne diese Gewänder unmöglich beschaffen. Doch der König trieb seine Leute an, ihm das Gewünschte anzufertigen, und nach einiger Zeit verkündete er: »Morgen werden wir heiraten!«

Die Königstochter begriff, dass nichts ihren Vater von seinem Entschluss abbringen konnte.

In der Nacht, als alle schliefen, suchte sie ihre Schätze zusammen: einen goldenen Ring, ein goldenes Spinnrädchen und eine kleine goldene Haspel. Außerdem packte sie die drei Kleider von Sonne, Mond und Sternen in eine Nussschale, zog den Fellmantel aus allerlei Rauchwerk an und schwärzte sich Gesicht und Hände mit Ruß.

Dann lief sie hinaus, weit fort, bis sie schließlich in einen großen Wald kam. Erschöpft verkroch sie sich in einen hohlen Baum und schlief ein.

Als sie gegen Mittag erwachte, hörte sie die Jagdgesellschaft eines anderen Königs, dem dieser Wald gehörte.

Seine Hunde beschnüffelten den hohlen Baum, rochen das Mädchen darin und bellten.

»Schaut nach, welches Wild sich in dem Baum versteckt hat«, befahl der König seinen Jägern.

Als die Jäger zurückkehrten, berichteten sie: »In dem Baum schläft ein seltsames Geschöpf. Seine Haut besteht aus tausenderlei Pelzen. So ein Tier haben wir noch nie gesehen!«

Auf Wunsch des Königs sollte dieses seltsame Tier zu seinem Schloss gebracht werden. Doch als die Jäger es aus dem Baum zerren wollten, flehte

die Königstochter: »Bitte tut mir nichts. Ich bin ganz allein auf der Welt. Nehmt mich mit!«

Da sagten die Jäger: »Allerleirauh, du kannst in der Küche arbeiten und die Asche zusammenkehren. Komm ruhig mit.«

Im königlichen Schloss zeigten sie der Königstochter einen kleinen dunklen Verschlag unter der Treppe, wo sie schlafen konnte. Dann schickten sie das Mädchen in die Küche.

Allerleirauh schleppte Holz und Wasser. Sie schürte das Feuer, rupfte Federvieh, kehrte die Asche und verrichtete auch alle anderen Arbeiten.

So hatte sie ein schweres Leben, bis eines Tages auf dem Schloss ein Fest gefeiert wurde.

»Darf ich ein wenig zuschauen?«, bat Allerleirauh den Koch. »Ich lasse mich auch nicht erwischen.«

»Ja, geh nur«, antwortete der Koch, »aber in einer halben Stunde musst du wieder hier sein und die Asche zusammenfegen!«

Allerleirauh lief in ihren Verschlag, zog den Fellmantel aus und wusch sich den Ruß von Gesicht und Händen. Sie öffnete die Nuss und holte das Kleid heraus, das wie die Sonne glänzte.

Anschließend ging sie aufs Fest, wo niemand sie erkannte. Alle hielten sie für eine fremde Königstochter.

Der König tanzte mit ihr und fand, er habe nie eine schönere Frau gesehen. Doch nach dem Ende des Tanzes verneigte sich Allerleirauh und verschwand. Niemand wusste, wo sie war, auch die Wächter am Tor nicht.

Schnell rannte Allerleirauh zurück in ihren Verschlag, zog sich ihr Kleid aus und den Fellmantel wieder an und schwärzte sich Gesicht und Hände.

Zurück in der Küche befahl der Koch: »Ich will auch mal beim Fest zuschauen. Koch du inzwischen die Suppe für den König. Aber pass auf, dass kein Haar hineinfällt, sonst bekommst du in Zukunft nichts mehr zu essen!«

Allerleirauh kochte eine Brotsuppe. Dann holte sie den goldenen Ring aus ihrem Verschlag und legte ihn in die Suppenschüssel.

Nach dem Fest aß der König die Suppe. Nie hatte ihm etwas besser geschmeckt! Verwundert entdeckte er den Ring und befahl den Koch zu sich.

Der Koch erschrak, als er das hörte, und sagte zu Allerleirauh: »Hast du etwa doch ein Haar in die Suppe fallen lassen? Dann bekommst du Ärger!«

Als er vor den König trat, fragte dieser, wer die Suppe gekocht hätte.

»Ich habe sie gekocht«, sagte der Koch.

Der König widersprach: »Das ist nicht wahr, sie schmeckte viel besser als sonst.«

»Das Rauhtierchen hat die Suppe gekocht«, gestand der Koch. Der König verlangte, Allerleirauh zu sehen, und fragte sie: »Wer bist du?«

»Ich bin ein armes Kind, das keinen Vater und keine Mutter mehr hat.«

»Wieso bist du in meinem Schloss?«

»Ich bin zu nichts gut, mir werden nur immer wieder die Stiefel an den Kopf geworfen.«

»Wo hast du den Ring her, der in der Suppe war?«

»Von einem Ring weiß ich nichts.«

Mehr bekam der König nicht aus ihr heraus und so schickte er Allerleirauh zurück in die Küche.

Nach einiger Zeit wurde wieder ein Fest ausgerichtet. Auch diesmal bat Allerleirauh den Koch, zusehen zu dürfen.

»Ja, aber komm in einer halben Stunde wieder und koch dem König die Brotsuppe, die er so gern isst«, willigte der Koch ein.

Schnell lief Allerleirauh in ihren Verschlag, wusch sich und schlüpfte in das Kleid, das so silbern war wie der Mond. Wieder nahm sie in ihrem prächtigen Kleid am Ball teil. Der König freute sich, sie zu sehen, und tanzte mit ihr. Doch nach dem Tanz verschwand Allerleirauh schnell wieder in ihrem Verschlag. Sie verwandelte sich in das Rauhtierchen, kochte in der Küche die Suppe und legte diesmal das Spinnrädchen hinein.

Wieder schmeckte dem König die Suppe, wieder ließ er erst den Koch und dann Allerleirauh zu sich kommen. Doch auch diesmal bekam er nichts aus ihr heraus.

Beim dritten Fest durfte Allerleirauh erneut zuschauen. Zuvor wusch sie sich in ihrem Verschlag unter der Treppe und holte das Kleid aus der Nuss, das wie die Sterne glänzte.

Der König tanzte mit ihr und fand, sie habe niemals schöner ausgesehen. Unbemerkt steckte er ihr einen Ring an den Finger.

Nach dem Tanz, der diesmal länger gedauert hatte als gewöhnlich, wollte der König das Mädchen festhalten. Doch Allerleirauh riss sich los und lief eilig davon.

Zum Umziehen blieb keine Zeit mehr, darum warf sie sich nur den Fellmantel über und schmierte sich Ruß ins Gesicht. Schnell kochte sie die Suppe und legte die goldene Haspel hinein. Als der König die Suppe aß und die Haspel darin fand, ließ er Allerleirauh kommen.

Sogleich bemerkte er den Ring, den er ihr beim Tanzen an den Finger gesteckt hatte. Er griff nach ihrer Hand, und als sie sich befreien wollte, öffnete sich der Fellmantel und ihr Sternenkleid kam zum Vorschein.

Nachdem sie den Schmutz aus ihrem Gesicht gewischt hatte, war sie schöner als je zuvor. Der König bat um ihre Hand und kurz darauf wurde Hochzeit gefeiert. Von nun an lebten sie glücklich und vergnügt bis an ihr Lebensende.